I0876417

böhlau

mdw Gender Wissen

Band 9

Eine Reihe der Universität für Musik und darstellende Kunst Wien (mdw)
herausgegeben von
Claudia Walkensteiner-Preschl, Doris Ingrisch und Andrea Ellmeier

Andrea Ellmeier · Doris Ingrisch (Hg.)

Muße, Musen und das Müssen

Wissen und Geschlecht in Musik • Theater • Film

Böhlau Verlag Wien · Köln

universität für musik und darstellende kunst wien

Gedruckt mit der Unterstützung durch die mdw – Universität für Musik und darstellende Kunst Wien

Bibliografische Information der Deutschen Nationalbibliothek: Die Deutsche Nationalbibliothek verzeichnet diese Publikation in der Deutschen Nationalbibliografie; detaillierte bibliografische Daten sind im Internet über http://dnb.d-nb.de abrufbar.

© 2023 Böhlau, Zeltgasse 1, A-1080 Wien, ein Imprint der Brill-Gruppe (Koninklijke Brill NV, Leiden, Niederlande; Brill USA Inc., Boston MA, USA; Brill Asia Pte Ltd, Singapore; Brill Deutschland GmbH, Paderborn, Deutschland; Brill Österreich GmbH, Wien, Österreich) Koninklijke Brill NV umfasst die Imprints Brill, Brill Nijhoff, Brill Hotei, Brill Schöningh, Brill Fink, Brill mentis, Vandenhoeck & Ruprecht, Böhlau, V&R unipress und Wageningen Academic.
Alle Rechte vorbehalten. Das Werk und seine Teile sind urheberrechtlich geschützt. Jede Verwertung in anderen als den gesetzlich zugelassenen Fällen bedarf der vorherigen schriftlichen Einwilligung des Verlages.

Lektorat: Mag.ª Birgit Huebener, Lisa Huebener
Einbandgestaltung: Michael Haderer, Wien
Satz: Michael Rauscher, Wien
Druck und Bindung: Prime Rate, Budapest
Gedruckt auf chlor- und säurefrei gebleichtem Papier
Printed in the EU

Vandenhoeck & Ruprecht Verlage | www.vandenhoeck-ruprecht-verlage.com

ISBN 978-3-205-21581-3

Inhaltsverzeichnis

Andrea Ellmeier · Doris Ingrisch

Einleitung

Den Titel des vorliegenden Bandes – Muße, Musen und das Müssen – haben wir aus mehrerlei Gründen gewählt – zum einen haben epistemologische Bemühungen um einen Dialog zwischen Wissenschaft und Kunst, die einen der Schwerpunkte der Gender Studies an der mdw bildete, das Bedürfnis nach Raum und Zeit, um miteinander ins Gespräch zu kommen, das Thema Muße Schritt für Schritt emergieren lassen. Zum anderen wollten wir den, so mag es scheinen, nahezu in Vergessenheit geratenen, in Wissenschaft und Kunst jedoch nun wieder Achtung geschenkten Begriff Muße und ihre gesellschaftliche Bedeutsamkeit gerade in den schnellen neoliberalen Zeiten in Erinnerung rufen. Seit 2012 beschäftigt sich der SFB (Sonderforschungsbereich) Muße. Gesellschaftliche Ressource | Kritisches Potential an der Albert-Ludwigs-Universität Freiburg mit dieser historisch nicht überholten Kategorie, die mit ihrem transgressiven Charakter Gegensätze wie Arbeit und Freizeit in Frage zu stellen imstande ist (vgl. u.a. Gimmel/Keiling et al. 2016). Weitere Beispiele und Zugänge finden sich in »Muße. Ein Magazin« wie in den hier versammelten Beiträgen. Die sozioökonomischen Einflüsse der Covid 19 Pandemie hatten dann all die damit verbunden Fragen mit einer neuen Aktualität versehen.

Muße steht sinnbildlich für ein Außerhalb der Zwänge der Zeit, eine Freiheit des Nicht-Tuns, des Nichts-Müssens. Immer in historisch-gesellschaftliche Ordnungsstrukturen eingelassen, erlaubt der Begriff Muße kulturgeschichtliche Einblicke auf Welt- und Menschenbilder, die ihnen impliziten Wertesysteme, Machtverhältnisse, die Beziehungen der Menschen zueinander und zu ihrem Dasein. Er regt damit an, das Jetzt neu zu denken. Muße ist, wie Gregor Dobler und Peter Phillip Riedl formulieren, »Ort der Verhandlungen gesellschaftlicher Grundfragen« (Dobler/Riedl 2017, 6).

Wo sich Künstler_innen bewegen, scheinen auch Musen nicht mehr weit zu sein. Sie stehen für künstlerische Inspiration. Aber wie war das mit den Künstler_innen und den Musen? Die antiken Schutzgöttinnen der Künste wurden, wenn wir uns erinnern, angerufen, um in einen Zustand, eine Kraft zu gelangen, ein Werk gestalten zu können. Der Musenmythos lebte nach der Antike weiter, veränderte im sozio-kulturellen Kontext der Epochen jedoch dessen geistesgeschichtlichen Vorstellungen im Spannungsfeld von Göttlichkeit und Erdennähe.

Ab dem bürgerlichen Zeitalter treten die Geschlechter- und Machtverhältnisse über die Bedeutung der Musen ins Zentrum und bieten ihnen Projektions- und Reflexionsflächen für Subjektivierungsweisen und Geschlechterkonzepte.

Sich über das Müssen zu verständigen, ja, jegliches Müssen einmal in Frage zu stellen, ist ein konsequenter weiterer und ein Befreiungs-Schritt. Müssen wir wirklich, was wir zu müssen meinen? Sobald wir uns bewusst geworden sind, wo überall das Müssen uns begleitet, können wir in Distanz treten, können wollen oder nicht wollen.

»Freund_innenschaft des Seins. Das Nicht-Müssen der Muße ganz im Sinne der Musen« von *Doris Ingrisch* bietet einen Einstieg in die spezielle Zuwendung zum Thema Muße im Kontext von Musik•Theater•Film, verquickt es mit den dem Kunstkontext als bedeutsam zugeschriebenen Musen sowie dem Nachspüren dessen, was wir gesellschaftlich zu sein und leisten zu müssen meinen. Intention des Beitrags ist es, Inspiration für ein Hinterfragen traditioneller und ein Neu-Denken von Arbeits- und Lebensformen zu bieten. Muße als »Gradmesser gesellschaftlicher Entwicklungen« (Cheauré 2017, VIII) könnte darin eine wesentliche Rolle spielen. Der Beitrag regt zu reflektieren an, wo überall die mit dem Müssen verwobenen Ordnungssysteme, Normierungen, Werte und Haltungen lauern und welche Wirkungsmacht sie entfalten. Wie können wir unsere Wahrnehmung sensibilisieren, um diesen oft verborgenen und doch so wirksamen Machtmechanismen entgegenzutreten? Um uns bewusst zu werden, was in den gesellschaftlichen Werten steckt? In den bislang immer noch favorisierten, zumeist männlich konnotierten und in den abgewerteten, durchwegs weiblich konnotierten, die erneut vor Augen führen, wie eng Wissens- und Geschlechterordnungen verwoben sind. Raum, Zeit, Beziehungskonzepte, alles muss neu gedacht werden. Auch die Bedeutung der Musen. Slow Philosophy, Slow Movement, Slow Living bilden ebenso Referenzen wie Pausen und ein Nichttun in künstlerischen Kontexten.

Im Beitrag »Muße als Widerstandspotential« hinterfragt *Marion Mangelsdorf* eine spezifische Dimension der Qualität des Zustandes der Muße. Sie fragt nach den Parametern der Rück/Eroberung eines guten Lebens im Sinne von Selbstbestimmung. Kann Muße als Instrument gegen den Leistungsdruck, gegen fremdbestimmten Produktionszwang und Selbstausbeutung fungieren? Und wenn ja, wem stehen diese Zeit/Räume überhaupt zur Verfügung? Diesen Fragen spürt Marion Mangelsdorf nicht zuletzt anhand von kulturkritischen Konzepten in der Kunst nach, dem Film »Müdigkeitsgesellschaft. Byung Chul Han in Seoul/Berlin« von Isabella Gresser (2015) und »InnSaei. Die Kraft der Intuition« von Hrund Grunnsteinsdottir und Kristin Ólafsdóttir (2016). Auch die geschlechtliche wie die soziale Dimension kommen zur Sprache. Denn Muße steht nicht allen Menschen zur Verfügung. Kann und soll sie demokratisiert werden? Wie wäre das mit den Anforderungen in einer spätmodernen Welt zu vereinbaren? Mit anderen Worten: Welche Ansatzpunkte können in einer Archäologie des Widerstandspotentials der Muße aufgespürt werden?

Doris Uhlich, herkömmliche Formate und Körperbilder hinterfragende Choreografin und Tänzerin, nähert sich dem Thema »Muße, Musen und das Müssen« mit einer Anregung. SHIFT ist als Einladung für jede_n von uns, Muße zu erfahren. Aus Doris Uhlichs Statement:

> Ich begreife den Körper als ein ›wandelndes Körperarchiv‹, in dem die eigene Biografie sowie die Biografie der Welt eingelagert werden. Für mich ist die Haut eine durchlässige Struktur, daher sind ein Innerhalb bzw. Außerhalb des Körpers zu infrage stellende Ortsbezeichnungen. Ereignisse politischer, gesellschaftlicher, wirtschaftlicher und kultureller Art schreiben sich ein. the body is in the world, the world is in the body. Was lagern wir ein, was lagern wir aus? Wir gehen durch die teils selbst-, teils fremdbestimmte, unendlich komplexe Choreografie unserer Biografien. (https://www.dorisuhlich.at/de/biografie)

Ihr Beitrag bietet die ultimative Herausforderung, das Thema ernst zu nehmen, sich Zeit und Raum zu gönnen, um den Moment zu ergreifen, sich, ganz idiosynkratisch, in die Erforschung der Muße zu begeben.

Mara Mattuschkas Nachsinnen im Beitrag »Making of« offenbart Einsichten in ihren Kosmos. Den Kosmos dieser Malerin, Filmautorin, Theaterautorin und Darstellerin, einer Professorin im Bereich Film und Performance, mit einem, wie sie es nennt, wildwüchsigen Zugang. Sie studierte nie Film, machte aber schon früh Filme. Kunst ist sehr viel Arbeit, konstatiert sie, die das Studium der Malerei bei Maria Lassnig an der Hochschule für angewandte Kunst absolvierte, wo sie mit Trickfilm in Berührung kam. Arbeit, die wichtige Fragen nach Zeit und Raum aufwirft, in der und in dem Inspiration und die Lust der Musen zu küssen, eine Erfahrung jenseits von Worten, möglich ist. Um Momente der Überraschung und der Wandlung geht es da und um Gefühle, um Freude und die Frage, wo beginnen? Mara Mattuschka denkt auch über die ganz besondere Frustrationstoleranz nach, die Künstler_innen entwickeln. Es kommen Georges

I. Gurdjieffs aufsteigende und absteigende Oktave als wesentliche Referenz im künstlerischen Prozess ebenso zur Sprache wie Gedanken zum Diktum mehr zu wissen als man denkt. Zudem tauchen Fragen der Zusammenarbeit wie der Solidarität in diesem Nachsinnen auf, um dann zur Qualität der Leichtigkeit zu mäandern und dem Glück, immer wieder neu beginnen zu können. Wenn sich Mara Mattuschka auf Maria Lassnigs Anregung bezieht – Schauen Sie genau hin, aber machen Sie die Augen zu –, dann kann es vielleicht in Bezug auf diesen Beitrag heißen, hören Sie beim Lesen genau auf die Stimme dieser Künstlerin, und nicht zuletzt auf das Gesagte zwischen den Zeilen.

Das Nachdenken über die Frage, warum denn der Montag in den Kulturen des globalen Nordens als unliebsamer Tag gehandelt wird, beschäftigte die schallundrauch agency, eine Theater, Tanz und Performance Company für junges Publikum, zu deren Gründerinnen *Gabriele Wappel*, die künstlerische Leiterin, zählt. Autofiktion, Storytelling und Live-Musik charakterisiere ihren Zugang, der im Beitrag »Über Pflicht und Muße und die Rettung des Montags« anhand des im Dschungel Theater Wien zur Aufführung gekommenen Stücks »Montag. Eine Performance über Pflicht und Muße« anschaulich dargelegt wird. Das Vertrauen in die Kraft der Musen und der eigene Umgang mit Muße ist diesem Prozess eingeschrieben. Im Erarbeiten eines Theaterstücks für Kinder über ein gesellschaftlich kaum hinterfragtes Thema, dem der Abwertung eines Siebtels unseres Lebens, den immer wiederkehrenden Montagen, wird dies deutlich gemacht. Eine philosophische Wertediskussion der anderen Art, die in jedem Lebensalter anregend wirken kann. Denn, wie Gabriele Wappel aufmerksam macht: »Dass der Montag kommt, ist so fix wie der Tod« (Wappel in diesem Band, 71).

Nicht so sehr ein Nachdenken über Muße steht im Text der Medienkompositionsprofessorin *Iris ter Schiphorst* »Werde Komponistin?!? Über Berufe, Rufe, Anrufungen und andere Rituale« im Fokus als vielmehr all das, was weiblich markierte Personen mitzubringen haben, wenn sie Komponistin werden wollen. Dazu gehört ein überaus starker eigener Wille, Drang zum künstlerisch-schöpferisch Tätigwerden, hohe Resilienz sowie – idealerweise – ein volles Set an Selbstvermarktungskompetenzen. Eine Muse kann für die Karriereentwicklung einer Komponistin überaus hilfreich sein. Der dritte Bestandteil des Buchtitels – das Müssen – ist dem Vorhaben/Plan, kompositorisch tätig sein zu wollen, selbst eingeschrieben: Komponist_innen müssen vielerlei Grundvoraussetzungen mitbringen, um zunächst einmal überhaupt zu ihrem Beruf zu kommen. Um erfolgreich zu werden, müssen sie neue Klangwelten kreieren und damit auch auffallen.

Sie fallen auf, wenn sie von ihren Peers genannt werden, je mehr sie genannt werden, umso mehr fallen sie auf. Iris ter Schiphorst webt ein engmaschiges kritisches Bild der Anrufung »Werde Komponistin?!?«, in das sie als Kompositionsprofessorin und kundige Gegenwartsbeobachterin von »Verwertungs-Logiken und Schein-Freiheiten« spricht, damit den großen Gender-Gap in der Komposition mit einer Analyse des Spätkapitalismus kontextualisiert und damit ein komplexes Anforderungsprofil von angehenden Komponist_innen entwirft und – wir ahnen es – feststellen muss, dass es für Komponistinnen noch einmal schwerer ist sich durchzusetzen. Wichtig ist der Autorin auch der Hinweis auf ein gewichtiges Tabu des klassischen Musikbetriebs, nämlich, dass die derzeit gesellschaftlich gelebte wie teils auch rechtlich durchgesetzte Geschlechtervielfalt in der Kommunikation des hochkulturellen Musikbetriebs kaum vorkomme resp. keine Rolle spiele. In der stark von binären Geschlechtsidentitätsvorstellungen geprägten Musikgeschichte seien Formen des Umgangs mit Geschlechtervielfalt nach wie vor wenig entwickelt – seien es Komponist_innen, Dirigent_innen oder Musiker_innen.

Der Musikwissenschaftler und Pädagoge *Jürgen Oberschmidt* thematisiert die Frage »Musik(-unterricht) zwischen Divertimento und Etüde« und diskutiert am Beispiel dieser beiden Zugänge zur Musik »über das Spannungsverhältnis zwischen fremdgesteuertem Anpassungsdruck, musikimmanenten Steigerungsstrategien und kontemplativen Zugängen«. Wie nun entstand aus dem höfischen Divertissement – Musik als nicht zielgerichteter Zeitvertreib der Aristokratie – die bürgerliche Etüde? Wie – so fragt der Autor weiter – wurde aus Musik als antiker Musentechnik »musikalische Erwerbsarbeit«, in der Muße nicht mehr vorkommt? Vielmehr gehe es seit dem 19. Jahrhundert zunehmend mehr darum, weg von »Müßiggang« hin zu einer »Selbstoptimierung« zu gelangen. Diese Überlegungen unterlegt Jürgen Oberschmidt mit Aussagen von Friedrich Nietzsches jegliche Motivation vernichtenden Schulerfahrungen aus dem 19. und einer Schülerin ›mit Migrationshintergrund‹ – Yakomoz Karakurt – aus dem 21. Jahrhundert. Oberschmidt ist davon überzeugt, dass für Muße – auf alle Fälle – »ausreichende Zeitressourcen« zur Aneignung von und Freude an Bildung unabdingbar sind. Friedrich Nietzsche spricht von der Notwendigkeit, das »beschauliche Element in großem Maße zu verstärken«. Yakomoz Karakurt drückt ihr Unbehagen am spätmodernen Schulbetrieb in Maschinen-Metaphorik aus:

> Wir sollen Maschinen sein, die funktionieren, und das mindestens 10 Stunden am Tag. Aber funktionieren heißt nicht gleich lernen. Lernen bedeutet nämlich vor allem eins: Erfahrungen sammeln. (Karakurt 2011, 3)

Auch ihre Aussage »Mein Kopf ist voll. Zu voll. Was denken sich eigentlich diejenigen, die über unser Schulleben bestimmen?« (ebd.) deutet auf das Übermaß an Informationen hin, die in der Schule auf die Schüler_innen einprasseln. Der Autor sieht wenig Hoffnung, dass sich das künftig ändern könnte. Im Unterkapitel »Über die (Un-)Möglichkeit, ein Paradox in Harmonien aufzulösen« geht er konkret auf das viel Disziplin erfordernde Erlernen eines Instruments ein und wie sehr dies mit einem grundlegenden Dilemma der Musiker_innenausbildung verbunden ist, das Peter Röbke gut beschreibe:

> Wir wollen Menschen dazu bringen, sich technische Fertigkeiten anzueignen, deren Sinn und Nutzen aber erst wirklich einsehbar ist, wenn sie damit schon Musik machen könnten, was sie aber erst wirklich könnten, wenn sie über diese Fertigkeiten schon verfügen würden [...]. (Röbke 2009, 14)

Der Autor schließt mit einem Plädoyer für Räume der Muße und Musik.

Die Theaterwissenschafterin *Katja Rothe* dekonstruiert in »Wenn Musen müssen« die Vorstellung von einer voraussetzungslosen Muße und Muse, indem sie durch kapitalismuskritische Überlegungen klar vor Augen führt, wer wann wie Anspruch auf Muße und Muse hatte und hat. Ein gegenwärtiges Konzept vermag Rothe aber in der Muße wie auch in Musen nicht mehr zu erkennen. Muße sei eine Praxis der akademischen Klasse. Ganz zentral ist für die Autorin die Frage, für wen denn überhaupt Muße in Frage kommt, womit sie wiederum Muße an die materiellen und geistigen Grundlagen, die den Subjekten zur Verfügung stehen, rückbindet. All das war und ist von Privilegien abhängig:

> [...] von dem Privileg, ein männlicher Stadtbürger der Polis zu sein, einem bestimmten Stand anzugehören oder noch im 20. Jahrhundert sich einer bürgerlichen Lebensweise im europäischen oder US-amerikanischen (Stadt-)Raum zu erfreuen. Muße-Praktiken sind Teil der Konstituierung des männlichen, souveränen Subjekts, das sich in der Dynamik von negativer und positiver Freiheit der eigenen Handlungsfähigkeit versichert, und zwar in klarer Abgrenzung von denen, die unfrei sind. (Rothe in diesem Band, 123)

Katja Rothe sieht eine Koppelung zwischen der Logik der Muße als »Abwesenheit von« (Arbeit, Notwendigkeit, Basisbedürfnisse...) und einer dem Fortschrittsmodell zu Grunde liegenden unsichtbar gehaltenen Verlusterfahrung (der Muße). Die Autorin nennt es – angelehnt an Andreas Reckwitz – ein »Doing Loss«, das auf die Selbstentfaltung spätmoderner Subjekte abziele, wobei es gegenwärtig vor allem eine Sensibilisierung für Gefühle, für positive Gefühle bedeute.

Alle Beiträge sind in geschlechtergerechter Sprache abgefasst, es stand den Autor_innen frei, die für die eigene Person adäquate Form der geschlechtergerechten Sprache zu verwenden. Last but not least möchten wir uns bei den Unterstützer_innen, die zur Entstehung dieses Bandes beigetragen haben, ganz herzlich bedanken: zu allererst bei den Autor_innen für ihre informativen, spannenden Beiträge wie auch der mdw-Universitätsleitung, vor allem bei Vizerektorin für Organisationsentwicklung, Gender & Diversity Gerda Müller, die durch eine Förderung die Herstellung des Bandes ermöglichte. Wir danken weiters Lisa und Birgit Huebener für das umsichtige Korrektorat, Michael Rauscher für die Graphik sowie unserer neuen Lektorin im Böhlau-Verlag Sarah Stoffaneller wie auch der Verlagsleiterin Waltraud Moritz für ihre Begleitung bei der Entstehung des Bandes und wünschen eine anregende Lektüre.

Literatur

Elisabeth *Cheauré* (2017), Vorwort, in: dies. (Hg.), Muße Diskurse. Russland im 18. und 19. Jahrhundert (Otium. Studien zur Theorie und Kulturgeschichte der Muße, Bd. 4). Tübingen, VII–X

Gregor *Dobler*, Peter Philipp *Riedl* (2017), Einleitung, in: dies. (Hg.), Muße und Gesellschaft (Otium. Studien zur Theorie und Kulturgeschichte der Muße, Bd. 5). Tübingen, 1–17

Jochen *Gimmel*, Tobias *Keiling*. Mitarbeit von Joachim *Bauer*, Günter *Figal*, Sarah *Goulda*, Sylvaine *Gourdain*, Thomas *Jürgasch*, Roman *Kiefer*, Andreas *Kirchner*, Alexander *Lenger*, *Minh-Tam* Luong, Stefan *Schmidt*, Michael *Vollstädt* (2016), Konzepte der Muße. Tübingen

Yakomoz *Karakurt* (2011), Mein Kopf ist voll!! Selbst gute Schüler wollen länger lernen, in: Diskussion Musikpädagogik, Heft 52, 3–4

Muße. Ein Magazin (2015ff.) https://mussemagazin.de/

Peter *Röbke* (2009), Lösung aller Probleme? Die »Entdeckung« des informellen Lernens in der Instrumentalpädagogik, in: Peter *Röbke* u. Natalia *Ardila-Mantilla* (Hg.), Vom wilden Lernen. Mainz, 11–29

Doris Ingrisch

Freund_innenschaft des Seins

Das Nicht-Müssen der Muße ganz im Sinne der Musen

I.

Was müssen wir nicht alles? Ich beginne beim letzten Begriff des Titels des Bandes. Wir müssen klug sein, engagiert sein, strategisch sein, vernetzt sein, aber auch jung sein, schön sein, mächtig sein, funktionieren, und das immer. Das Müssen drückt eine zwingende Notwendigkeit aus und ist ein mächtiges Instrument. Das uns von außen formt. Und von innen. Es ist Macht. Uns dieses Müssens bewusst zu werden und uns dann im Gegenzug Räume des Nicht-Müssens zu erschließen, uns bewusst zu werden, dass es diese Räume des Nicht-Müssens gibt bzw., dass wir sie durch unser Tun erschaffen, ist ein bedeutsames Thema. Nicht nur der Gender Studies. Denn das Müssen begegnet uns auf nahezu allen Ebenen unseres Seins. Zum Müssen der Erziehung braucht es wahrscheinlich kaum Beispiele, da entstehen individuell sofort Bilder und Emotionen.[1] Das Müssen dominiert aber auch kollektive Emotionen und lässt sich als hochpolitische Dimension lesen. Sara Ahmeds Auseinandersetzung mit Glücksversprechen und ihr Blog »Feminist killjoy – Killing joy as a world making project«[2] ist hier ein aussagekräftiges Beispiel. Sie stellt in Frage, dass das, was wir tun oder glauben haben zu müssen, um glücklich zu sein, uns wirklich glücklich macht. Und sie plädiert für die Freiheit, unglücklich sein zu dürfen in der Bedeutung, den eigenen Weg zu finden, zu gehen, sich den Machtstrukturen zu entziehen (vgl. Ahmed 2018). Bung Chul Hans Ausführungen zur Müdigkeitsgesellschaft (Han 2010) wären ein weiteres Beispiel dieser gesellschaftlich-politischen Dimension des Müssens. Er macht auf den historischen Wechsel vom Müssen des Gehorsamkeitssubjekts zu einem Müssen des Leistungssubjekts deutlich. Das Müssen steckt nun nicht mehr im Befolgen, sondern in der Herausforderung, mit allem zurechtzukommen, alles können zu müssen. Es gehe nicht mehr um die Negativität der Verbote, es gehe um die Positivität, alles zu schaffen, obgleich dieses Alles in die Überforderung zu führen droht, weil es nur vermeintlich selbstbestimmt ist. Das mache müde. Im Multi-Tasking bleibt keine Zeit für das Nicht-

Müssen. Der Exzess der individuellen Freiheit, so Han, erweist sich als ein Exzess des Kapitals.

Wann war Ihnen denn zum letzten Mal langweilig?

Mit dem Müssen wird auch der Raum für Kreativität, für das Neue, das Gestalten immer enger. Hierfür braucht es offene, weite Räume. Um uns und in uns. Müssen ist abgesehen von den genannten Ebenen des Persönlichen und Kollektiven auch auf der eng mit diesen beiden zusammenhängenden epistemologischen Ebene wie auf der Ebene des Wissens relevant. Müssen als epistemisches Modalverb, verändert nicht nur die Bedeutung des damit verbundenen Verbs, es beschreibt, wie auch weitere Modalverben, den Grad des Wissens, die Notwendigkeit bzw. die Möglichkeit. Einstellungen wie Bewertungen der Sprechenden zum Gesagten bestimmen den Grad epistemischer Modalität. Indem das epistemical must die Wahrheitsansprüche einer Aussage charakterisiert, steht es in Beziehung zu normativen Setzungen und Ordnungssystemen (vgl. Fintel/Gillies 2020). Von diesen Aspekten aus öffnet sich wiederum eine Reihe aktueller Fragen im Rahmen der Wissenschaftstheorie, Fragen zur Wertung unterschiedlicher Wissenskulturen sowie zu den Machtstrukturen innerhalb derer sich Wissenschaft, Forschung und Kunst bewegen. Welchem Müssen meinen wir uns anpassen zu sollen? Wo findet sich der Weg zwischen Tradition und Innovation? Zwischen dem Befolgen der Regeln, um nicht aus dem System zu fallen und dem Bedürfnis, eigene, neue Themen zu setzen und unkonventionelle Zugänge zu entwickeln? Wo finden sich Räume, um kreativ mit den Erfordernissen umzugehen? Ja, wir müssen gewisse Standards erfüllen und nein, wir sollten nicht meinen, alle erfüllen zu müssen, denn das wäre fatal. Jegliche Entwicklung bliebe auf der Strecke.

Mitunter braucht es einen langen Atem, wie Trinh T. Minh Ha im Interview mit Judith Mayne betonte, deren mittlerweile als Kultbuch verstandene Publikation »Women, Native, Other« von 33 Verlagen abgelehnt wurde, weil sie nicht den erwarteten akademischen Standards entsprach. Trinh T. Minh Ha hatte dieses So-muss-es-Sein in Bewegung versetzt:

> The mixing of different modes of writing; the mutual challenge of theoretical and poetry, discursive and ›non-discursive‹ languages; the strategic use of stereotyped expressions in exposing stereotypical thinking; all these attempts at introducing a break into the fixed norms of the Master's confident prevailing discourses are easily misread, dismissed, or obscured in the name of ›good writing‹, of ›theory‹, or of ›scholarly work‹. (Mayne 1992, 138)

Müssen verstehen wir heute vorrangig als einen Begriff, der Grenzen setzt. Muße ist ein Begriff, der öffnet. Die etymologische Verwandtheit von müssen und Muße mag erstaunen. Doch müssen, ein Wort aus dem Mittelhochdeutsch des 8. Jahrhunderts wurde damals als können, als ein Es-ist-mir-Möglich verstanden. Der Begriff Muße geht laut Friedrich Kluge auf das Mitteldeutsche im 9. Jahrhundert in der Bedeutung von Gelegenheit, Möglichkeit zurück (Kluge 1999, 576).

II.

Ein Thema wie das der Muße, der Musen und des Müssens mutet nach diesen Ausführungen vielleicht bereits etwas weniger unzeitgemäß an. Aber zeitgemäß? In einem historischen Moment wie dem der COVID-19-Pandemie, in dem es um so viel Essentielleres geht?

Wenn wir die Welt und ihre Phänomene nicht nach gängigen Mustern wahrnehmen und gestalten wollen, nicht schon von vornherein wissen wollen, was richtig und falsch ist, wenn wir nicht den Zeitgeist affirmierend in vorgefertigten Floskeln kommunizieren und dementsprechend handeln wollen, brauchen wir neue Vorstellungen von dem, was möglich ist. Dazu braucht es neue Haltungen, neue Gedanken, nicht zuletzt zur Lebenskunst. Es braucht neue Lebens- und Arbeitsformen, um dem »Schrecken von Anthropozän und Kapitalozän«, wie Donna Haraway (2018) formulierte, zu begegnen. Eines der neuen Elemente in diesem Ensemble wird eine veränderte Beziehung zu Zeit, Raum und zu uns selbst sein. Die Pandemie hat, neben vielem anderen, auf den Ist-Stand der Welt ein Brennglas gerichtet. Ein Nachdenken über die Muße kann dazu beitragen, eine neue Wahrnehmung zu ermöglichen.

III.

Die Faszination von Muße aus der Perspektive der kulturwissenschaftlichen transdisziplinär denkenden Gender Studies zu betrachten, eine Faszination, die vom Begriff der Muße und ihrem schillernden Bedeutungsspektrum ausgeht, verweist immer wieder auf die Verknüpfung von Wissens- und Geschlechterordnungen, die seit Ende des 18. Jahrhunderts, wie Karin Hausen in »Die Dissoziation der Geschlechtscharaktere« (1976) so klar vor Augen führte, den Wertekanon des globalen Nordens bestimmt, mit dem wir immer noch konfrontiert sind (vgl. Sarasin 2018). Der Hinweis auf die Wertigkeiten von Aktivität und Passivität, von Action und Ruhe (vgl. z.B. Illner 2021), laut und leise, und die ihnen eingeschriebenen Geschlechter-Konnotationen mag banal erscheinen, ist es aber ganz und gar nicht (vgl. Ingrisch 2019). Die globalisierte Welt läuft im Takt dieser Wertigkeiten. Mehr oder weniger. Seit der Corona-Pandemie vielleicht etwas weniger, zumindest bis zum groß angekündigten »Come-Back zur Normalität«. Die männlich konnotierten Werte des Aktiven resonieren mit einer Reihe tief in das hegemoniale Wissen des globalen Nordens eingeschriebener und als für ein erfolgreiches Leben unumgänglicher Werte. Selbst Musik, um ein Beispiel in Bezug zu einer der Künste zu nennen, die an der mdw, der Universität für Musik und darstellende Kunst Wien im Zentrum stehen. Musik wurde lange Zeit als Ereignis betrachtet, während die Stille lediglich als negierte Lautlichkeit, als Stillstand, als Fremdkörper verstanden wurde, ja sogar als Annäherung an den Tod im Gegensatz zum Leben (vgl. Grabner 1979).

Das männlich konnotierte Aktive repräsentierte das Wertvolle. Bis der Raum, so wie im Jahr 2020, dafür nicht mehr im erwünschten Ausmaß zur Verfügung stand. Der Aktionsradius ebenso eingeschränkt war wie das Aktivitätsspektrum. Was passiert in so einer Situation mit dem Höher-Besser-Schneller als Maß der Dinge? Jonas Frick setzte sich in »Politik der Geschwindigkeit. Gegen die Herrschaft des Schnelleren« (2020) mit der Dromokratie, der Herrschaft des Schnelleren, auseinander. Geschwindigkeit, so Frick, wird im globalen Kapitalismus zum Machtinstrument und zur Taktgeberin gesellschaftlicher Verhältnisse. Doch wieviel Tempo verträgt Demokratie? Und wer sind wir, die Akteur_innen, die dies verinnerlicht haben, dann, wenn wir auf ein verringertes Tempo und unseren eigenen Raum zurückgeworfen sind? Wenn der Dialog mit uns selbst abgewertet ist, weil es darum geht, immer beschäftigt, immer auf Leistung aus zu sein? Wohin führen uns diese gesellschaftlich hochgepriesenen Werte dann? Wie beängstigend, wenn eine Gesellschaft analog zum Beispiel der Musik als Gegensatz von Ereignis, von Geschäftigkeit, das Nicht-Leben setzt. Städte, Länder, Gesellschaften sollten den Zustand des weiblich konnotierten Abgewerteten ruhig hinnehmen. Wer soll das wollen?

Es macht also Sinn, diesen gesellschaftlich abgewerteten Werten intensiv nachzugehen. Sich ihrer Stellung in der Gesellschaft und ihrer Qualitäten bewusst zu werden. Muße, Nicht-Tun, kann exemplarisch dafür stehen.

IV

Dass Muße nicht als Gegenpol zur Arbeit bzw. Erwerbsarbeit und damit als Freizeit zu denken ist, ist bereits deutlich geworden. Auch nicht als Erholungszeit, zu dem Zwecke, gestärkter zur Arbeit zurückzukehren. Ich suche in diesem Beitrag weniger nach einer Definition, als danach, einige Aspekte auszuloten, die Inspiration für neue Haltungen, Arbeits- und Lebensformen bieten können. Welche Haltung steckt in Muße als einem Zustand, der nicht auf Nützlichkeit ausgerichtet ist? Als Zustand, in dem ich nichts muss. Der kein Um-zu – um fit zu bleiben, um besser denken zu können etc. – zulässt. Vielmehr ein Zustand »absichtsvoller Absichtslosigkeit«, wie Hans-Georg Soeffner formuliert (Soeffner 2014, 37) oder nach Martin Seel eine aktive Passivität (vgl. Seel 2014). Elisabeth Cheauré konstatiert zur Kulturgeschichte der Muße:

> Diskursive Prozesse der Auf- und Umwertung von Arbeit, Faulheit und Müßiggang können ebenso wie die diskursive Lancierung oder Diskreditierung von Muße als Gradmesser für gesellschaftliche Entwicklungen gelten, wobei hier sozialhistorische Entwicklungen ebenso zum Tragen kommen wie mentalitätsgeschichtliche, ästhetische oder philosophische. (Cheauré 2017, VIII)

Raum-zeitliche Komponenten spielen im Umkreisen der Qualitäten der Muße eine gewichtige Rolle. Unser Umgang mit oder vielmehr unser Verständnis von Raum und Zeit. Empfinden wir Raum und Zeit als etwas, das unser Leben determiniert oder als etwas Gestaltbares? Immer wieder ist es von Bedeutung, sich die Heterogenität und Kontingenz von Zeitvorstellungen zu vergegenwärtigen. Chronos, von dem sich die Effizienz im chronologischen Zeitmaß ableitet, Kairos, der für den geeigneten Moment sensibilisiert und Äon, der das Zugleich des Lebens, von seinem Anfang und seinem Ende in den Blick geraten lässt.

Analog dazu ist auch Raum nicht als homogen und absolut zu verstehen. Ich bringe hier nur die befreiende Wirkung dieser Neubetrachtung in Erinnerung, die Donna Haraway in Bezug auf ihr Denken unter Verweis auf die wissenschaftsphilosophischen Ausführungen von Alfred North Whitehead (1925) beschrieb. Die von ihm begründete Prozessphilosophie, die wieder stärker ins Zentrum vieler Fragen zum Weltverständnis abseits des Bipolaren und Mechanistischen rückte, bezweifelte, anknüpfend an das Ende von Vorstellungen von absolutem Raum und absoluter Zeit, Welt als Zustand, um sie als Prozess zu verstehen (vgl. Kaiser/Thiele 2018).

Heute besteht eine Vorstellung von einem Zugleich komplexer vielschichtiger Raumstrukturen, die zu einem In-der-Welt-Sein führen, wie Hans Peter Dürr oder Franz Xaver Baier, uns aus unterschiedlichen Perspektiven die anthropologischen Qualitäten mitzubedenken anregen (vgl. Dürr 1988, Baier 2000, 9). Was tun diese Strukturen, diese Qualitäten mit uns? Was wollen wir, dass sie bewirken, sozial-gesellschaftlich ebenso wie epistemologisch?

Damit geht es mit Fokus auf die Muße nicht zuletzt um die »Wahrnehmung des Daseins« (Figal 2014, 30), um diesen Ort der Serendipität, an dem ohne Suche etwas zu finden möglich ist, wie sie auch Anna Seitz und Jörg Holkenbrink in ihrem Dialog über das »Aufgehobensein in Wissenschaft und Kunst« (2020) anhand einer Inszenierung des Theaters der Versammlung, in der zudem auch das Erfahren von Zeit eine wesentliche Komponente bildete, festhalten. Sie weisen auf die Momente der Dezentrierung der Ego- wie Anthropozentrik hin, die dann am Werke sind, indem wir uns in diesem Zustand der Zweckhaftigkeit und zugleich Sinnlosigkeit eines Höher-Besser-Schneller bewusst werden können. Dies führt wiederum zu nichts Geringerem als der Sinnfrage. Wozu, lautet dann die Frage. Und – wo bringt mich das hin? Zum Glück? Zur Glückseligkeit? Haben wir hier über den Rückgriff auf die Eudaimonia bereits den Link zur Lebenskunst? Nicht nur individuell, sondern auch für Gemeinschaften? Und sind es vielleicht die Musen, die an dieser Stelle zum Vorschein kommen? »Die Frage, die bleibt, ist«, so Anna Seitz, »ob wir Musen-Küsse, als Impulswerdung einer Gegenwärtigkeit, aus unserem Alltag verdrängen, wenn wir ihn mit passiver Aktivität (über)füllen. Muße ist keine Bedingung für Musen-Küsse, aber ein Zustand der Offenheit, und damit gewissermaßen eine Einladung für Situativ-Gegenwärtiges.« (Holkenbrink/Seitz 2020, 95)

V

Das Symbol für Inspiration, die Muse, folgt dem oben vorgestellten Schema der etymologischen Verwandtschaft von müssen und Muße nicht. Friedrich Kluge schreibt den seit dem 17. Jahrhundert im Deutschen gängigen Begriff der Muse griechischen Göttinnen der Kunst und Wissenschaft (vgl. Kluge 1999, 576), Töchter von Zeus und Mnemosyne, zu. Klio, die Rühmerin, Muse der Geschichtsschreibung, Melpomene, die Singende, Muse der Tragödie, Terpsichore, Muse des Tanzes steht auch für visuellen Genuss, Thalia, die Blühende, fungiert als Muse der Komödie für Lebensfreude, Euterpe wiederum wird als Muse der Lyrik und Musik betrachtet. Erato, die Muse der Liebesdichtung, schützt das geistige Leben, Urania, die Himmlische, als Muse der Sternkunde positioniert, Polyhymnia ist die Muse des Gesangs, Kalliope, die Schönstimmige, die Muse der Dichtkunst. Das Wort Muse begründet eine eigene Sprachverwandtschaft mit Begriffen wie musisch, Museum, Musentempel und Musik.

Sich der Musen zu erinnern, muss nicht allein von der Begeisterung für oder der Ablehnung der Narration vom Genie und seinen Musen motiviert sein. Das Genie männlich, die Musen weiblich konnotiert, auch wenn die Eindeutigkeit bipolarer Zuordnung durchwirbelnd bereits von männlichen Musen die Rede ist. Wir können uns der Wandelbarkeit der Bedeutung des Begriffs, ja der Migration der Figur der Muse, wie Gabriele Kämper (2010) es nennt, bewusst werden. Beginnend in der Antike von einer in ihrer eigenen göttlichen Kraft stehenden Figur, mit der Künstler beschenkt werden konnten, allerdings nur, wenn sie sich als diesem Geschenk gegenüber offen erwiesen, über Musen als Vermittlerinnen des Schöpfungsfunken bis zu den Narrativen, in denen sich Künstler als eigenständige Genies im 18., 19. Jahrhundert von den Musen abwandten. Intimität und Nähe mit Musen durch einen Kuss entsteht erst aus dem Kontext des Verhältnisses der Künstler zu Musen in dieser Zeit (vgl. Ludwig 1996). Klaus Theweleit nimmt die Kunstproduktion des Genies ungeschönt in den Blick, indem er sie radikal mit dem Begriff »Produktionssexualität« bzw. »Personenverzehr« charakterisiert, und damit den Bereich beschreibt, in dem die Ko-Produzentinnen- und Partnerinnen-Rolle »traditionell mit dem unzureichenden (um nicht zu sagen: idiotischen; um nicht zu sagen: mörderischen) Nicht-Begriff der so genannten ›Muse‹ zugedeckt wird« (Maihofer/Theweleit/Degele 2007, 343). Im 20. Jahrhundert wird das Überschreiten des künstlerischen Egos nicht mehr im Bereich des Transzendenten gesucht, sondern im Rauschhaften verortet. Ein Wiederauftauchen als weitere Facette der Wandlung des Begriffs erfahren die Musen schließlich als Flächen der Selbstvergötterung (vgl. Kämper 2010, 45).

Ich möchte nun in einem weiteren Schritt von diesen historisch personifizierten Verortungen der Musen gerne die Brücke zu der connectedness bzw. relatedness schlagen, und damit zu einem anderen Weltbild, zum Entanglement im Sein und Werden. D.h. die Getrenntheit und Separiertheit, von der auszugehen notwendig ist, um Überlegenheit und Konkurrenz rechtfertigen zu können, existiert, orientieren wir uns an der Quantentheorie, im Grunde nicht. Individuen, so Karen Barad »lack an independant, self-contained existence … Individuals emerge through and as part of their entangled intra-relating« (2007, IX). Damit wird deutlich, wie eng wir mit anderen verknüpft, verflochten sind, bzw. wie sehr wir erst durch dieses Entanglement zu dem werden, was wir ein Ich zu nennen gewohnt sind und nicht umgekehrt. Worauf ich abziele, ist in diesem Sinne die Bedeutung von Musen als das Mich-Umgebende, das Antwortende, was auch immer es sein mag, human und non-human, zu re-konfigurieren. Eine personifizierte Energie wäre in diesem Ensemble nur eine von vielen Facetten. Um in einen Modus der Wahrnehmung der intra-relatedness zu gelangen, ist es jedoch erforderlich, eine Sensorik auszubilden oder die ohnehin vorhandene Sensibilität nicht zu überdecken, die uns diese Dimension der Realität wahrnehmen lässt. Vielleicht ist das eine weitere Möglichkeit zu verstehen, wie wesentlich es ist, unsere Wahrnehmung und unseren Sinn für das Dazwischen bis in die Erkenntnisprozesse hinein zu nehmen (Ingrisch 2012, 2017, Mangelsdorf/Ingrisch 2020). Im Sinne der Aisthesis, der Ästhetik, der Wissenschaft des sinnlichen Erkennens und Darstellens, wie sie Alexander Gottlieb Baumgarten im Erstdruck seiner Meta Physica (1739, (§ 533) bezeichnet. In der 4. Auflage (1757) nennt Baumgarten in Klammer vier weitere Bezeichnungen, neben »untere Erkenntnislehre«, »Kunst des schönen Denkens«, »Kunst des der Vernunft analogen Denkens« auch »Philosophie der Grazien und der Musen«.

VI

In der Muße muss auch die Muse nichts. Ich imaginiere Muße als Freiraum zu sein. Ein ZeitRaumKontinuum, in dem alle Wertungen ausgesetzt sind. Ein Dialograum mit mir selbst. Oder mit anderen, mit anderem. In ihrer Einleitung zur Slow Philosophy bringt Michelle Boulous Walker Margarethe von Trottas Film über Hanna Arendt in Erinnerung, vor allem die Szene, die sie rauchend auf einem Sofa liegend zeigt. Lange zeigt. Nichts passiert. Wahrnehmbar wird nur die vergehende Zeit. Slow Philosophy schreibt anhand des Lesens gegen den Produktions- und Effektivitätsdruck in akademischen Strukturen und darüber hinaus an, einen Druck, der jegliches Einlassen und Erfahren von Komplexität verhindert. Dinge werden, mit Martin Heidegger gesprochen, zu Ressourcen und verlieren damit ihre Bedeutung.

> To reduce the world and our understanding of it in this way is to fail, in Heideggers terms, to ›stay with things‹ to engage with the world in meaningful, non-utilitarian ways. (Heidegger 1977, zitiert nach Walker 2016, xiv)

Auch Nick Trakakis nimmt die Zeitlichkeit, das Tempo wie die Zeit, diese lang übersehenen Dimensionen, als entscheidende Belange der Metaphysik in den

Blick. Schnelligkeit und Langsamkeit tragen eine Reihe von Konnotationen in sich (vgl. Trakakis 2018, 223). Carl Honoré, ein zentraler Protagonist des Slow Movement, beschreibt diese Begriffe als »ways of being, philosophies of life«. Und er führt aus:

> Fast is busy, controlling, aggressive, hurried, analytical, stressed, superficial, impatient, active, quantity-over-quality. Slow is the opposite: calm, careful, receptive, still, intuitive, unhurried, patient, reflective, quality-over-quantity. (Honoré 2004, 14)

Honoré nimmt damit diejenigen Qualitäten in den Blick, mit denen wir zu- und miteinander in Beziehung stehen. Slow bedeutet aus diesem Verständnis heraus jedoch nicht, langsam aufgrund einer Unfähigkeit zu sein, und damit in die Ecke des Alten, Behinderten gestellt zu werden, was alle tunlichst zu verhindern bemüht sind. Es bedeutet vielmehr, ein Bewusstsein für uns und unser Tun zu entwickeln, ein Hinterfragen gängiger Praktiken und ihrer Effekte, die uns im linearen Denken und an der Oberfläche halten. Folgen wir der kulturwissenschaftlichen Analyse von Wendy Parkins und Geoffrey Craig (2006) in ihren Überlegungen zu Slow Living, so lösen sich im Begriff slow die binären Oppositionen schnell versus langsam in einen weiteren Begriff auf, der die Bedeutung von slow, so die beiden, weit besser fasst – care. Care als ein anderer, weiterer Modus des In-der-Welt-Seins.

VII

Immer öfter und intensiver poppen aller Fantasie der Rückkehr zur Normalität zum Trotz Entwürfe zu Utopiens anderer Arten und Weisen zu leben auf. Ein Beispiel dafür ist die von Kristina Groß bereits vor der Pandemie kuratierte internationale Ausstellung »Time Out. On Breaks and Moments of Awakening/ Auszeit. Von Pausen und Momenten des Aufbruchs«, die im März 2021 im Kunstmuseum Ravensburg eröffnet wurde. Sie versteht sich als Einladung auf der Ebene der Kunst, über mögliche Formen und Potentiale eines Ausbrechens aus der fieberhaften Hektik zu reflektieren. In Opposition zu dem Gegebenen, als Alternative zur Fortschrittsorientierung und auf der Suche nach neuen Gesellschaftsentwürfen. »Time out« wird in den unterschiedlichsten Facetten als wirkungsvolles Tool von Gesellschaftskritik gesetzt.[3]

Diese Haltung spiegelt sich in künstlerischen Praktiken, nicht zu tun, wie sie bereits in der von Vanessa Joan Müller und Cristina Ricupero 2014 kuratierten

Ausstellung »New Ways of Doing Nothing« in der Kunsthalle Wien thematisiert wurde (Müller/Ricupero/Schafhausen 2016). Auch Alice Lagaay und Barbara Gronau beschäftigen sich, vorrangig im Bereich des Performativen, mit dem Nichttun. Sie reflektieren über Performanzen des Nichttuns, über negative Performanzen wie Schweigen, Scheitern, Sein lassen (Gronau/Lagaay 2008) und skizzieren u.a. eine in Anregung von Roland Barthes beschriebene, die Binaritäten lösende Figur des Dritten (vgl. Barthes 2005). Dabei legen sie den Fokus vor allem auf die Wirksamkeit, die Effekte, die durch Nichttun entstehen. Ganz im Sinne von Francois Jullien (1999), der mit dem Begriff des Nichttuns nicht auf das Gegenteil des männlich konnotierten, sogenannten heroischen Handelns abzielt, sondern es im taoistischen Sinne als ein Ermöglichen, ein den Aktionismus beiseitelassendes Offenbleiben für Veränderung versteht. Darin kommt eine spezifische Haltung zur Welt zum Ausdruck, die, sensibel für Möglichkeitsräume, auf das Situationspotential (vgl. ebd., 33 ff.) abzielt. Auch Nichttun konstituiert Wirklichkeit.

Mit einer Drehung zur Musik nun zu einem berühmten Notenblatt, auf dem steht: »I TACET – II TACET – III TACET«. Tacet ist die bekannte Anweisung, dass das Instrument oder die Stimme in einem Stück zu schweigen hat. Es handelt sich um die von John Cage in seinem berühmten Stück *4'33'*, uraufgeführt 1952 – nicht spielen. Es passiert, was passiert. Eine Welt öffnet sich. In diesem Kontext ist zudem die längste Pause der Musikgeschichte zu erwähnen, ebenfalls aus einem Projekt von John Cage, dessen Zeit- und Raumkonzepte bis heute inspirieren, das Orgelstück *ORGAN²/ASLSP*, »As SLow aS Possible«. Da das Tempo des Stücks durch die Lebensdauer des Instruments gegeben ist, wird es 639 Jahre, also bis zum Jahr 2640, dauern. Die grafischen Abstände von Cages Notation enthalten allerdings keine Pausenzeichen. Die ersten Klangwechsel erfolgten 2001 und 2003, ein nächster fand 2020 statt (vgl. Edelmann 2018). Eine weitere Inspiration also für ein Austesten des In-der-Welt-Seins? Gilles Deleuze und Félix Guattari:

> It is undoubtedly John Cage who first and most perfectly deployed this fixed sound plane, which affirms a process against all structure and genesis, a floating time against pulsed time or tempo, experimentation against any kind of interpretation, and in which silence as sonorous rest also marks the absolute state of movement. (Deleuze/Guattari 2002, 267 f.)

VIII

»Die Freundschaft zur Welt nicht verlernen« ist der Titel eines Bandes zu Ehren von Christina Thürmer-Rohr (Gunda Werner Institut/ Hark 2016). Es sind die Worte, mit denen sie ein Gespräch zum Thema Feindschaft beendete. Ausgehend von Überlegungen zu Beziehungskulturen und Beziehungsqualitäten stellt sie Freundschaft, und ich möchte den Begriff in einer gewissen Selbstverständlichkeit gerne auf Freund_innenschaft ausweiten, als eine Alternative dar, mit der Welt, mit anderen und sich zu verfahren. Dabei betont sie, den Begriff des Feindes nicht verwischen zu wollen, im Gegenteil. Sie argumentiert für ein präzises Benennen. Um in einen Dialog treten zu können, »trotz und wegen ihres Anderssein« (Thürmer-Rohr 2015, 316). In Resonanz zu Hannah Arendt, die davon ausgeht, Freundschaft ermögliche die »Akzeptanz der Pluralität, die den politischen Zusammenhang von Differenz und Freiheit symbolisiert« (Thürmer-Rohr 2019, 13), sind diese Gedanken weiterzudenken.

Freund_innenschaft ist in diesem Kontext als philosophisch-politische Kategorie zu lesen. Mit Hannah Arendt (1983) kann sie als auf Menschlichkeit basierender, im Dialog realisierter und auf Achtung vor der Differenz beruhender wesentlicher Modus des Interesses an der Schaffung einer gemeinsamen Welt betrachtet werden. Bei Martha Nussbaum beruht Freund_innenschaft auf einer Konzeption des Menschen, die nicht die Biologie als Metaphysik eines Gemeinsamen setzt, sondern »auf gemeinsamen Mythen und Geschichten unterschiedlicher Zeiten und Orten« (Nussbaum 1999, 46) basiert und als bedeutsames Moment eines guten Lebens, in dem es um Lebensqualität, Gerechtigkeit und deren Fragilität geht. Jacques Derridas »Politik der Freundschaft« ist ein Konzept der Aktivität des Liebens (vgl. Derrida 2000, 25) und der Verantwortung. Eine Verantwortung der_dem einzigartigen Anderen gegenüber. Eine ethisch-politische Verantwortung.

»Allein in der Tiefe des Seins tut sich ein Raum auf, wo alle Dinge sich anschmiegen und miteinander kommunizieren«, so Byung Chul Han (2017, 51). »Gerade diese Freundschaft des Seins lässt die Welt duften«.

Anmerkungen

1 Dezidiert in Bezug auf Musikunterricht nimmt sich Jürgen Oberschmidt dieses Themas in diesem Band an.

2 https://feministkilljoys.com/

3 Auszeit. Von Pausen und Momenten des Aufbruchs, 17.4. – 11.7.2021 https://www.youtube.com/watch?v=oyO4rYWyI4Y [20.5.2022]

Bibliografie

Sara *Ahmed* (2018), Das Glücksversprechen. Eine feministische Kulturkritik. Münster

Hannah *Arendt* (1983), Gedanken zu Lessing. Von der Menschlichkeit in finsteren Zeiten. München

Franz Xaver *Baier* (2000), Der Raum. Prolegomena zu einer Architektur des gelebten Raumes. Köln

Karen *Barad* (2007), Meeting the Universe Halfway. Quantum Physics and the Entanglement of Matter and Meaning. Durham/London

Roland *Barthes* (2005), Das Neutrum. Frankfurt am Main

Alexander Gottlieb *Baumgarten* (1739), Meta physika. Halle

Elisabeth *Cheauré* (Hg.) (2017), Vorwort, in: dies (Hg.), Muße Diskurse. Russland im 18. Und 19. Jahrhundert (Otium. Studien zur Theorie und Kulturgeschichte der Muße. Bd. 4). Tübingen

Gilles *Deleuze*/Félix *Guattari* (2002) [1980], A Thousand Plateaus. Minneapolis

Jacques *Derrida* (2000), Politik der Freundschaft. Frankfurt am Main

Hans Peter *Dürr* (1988), Nacktheit und Scham. Der Mythos vom Zivilisationsprozess. Frankfurt am Main

Bernd *Edelmann* (2018), Sind Pausen Musik? in: Kultur & Technik 1/2018, 26–31

Günter G. *Figal* (2014), Die Räumlichkeit der Muße, in: Burkhard *Hasebrink*, Peter Phillip *Riedl* (Hg.), Muße im kulturellen Wandel, 26–33

Kai von *Fintel*/Anthony S. *Gillies* (2021), Still going strong. Natural Language Semantics. http://web.mit.edu/fintel/fintel-gillies-2021-stillgoingstrong.pdf

Jonas Frick (2020), Politik der Geschwindigkeit. Gegen die Herrschaft des Schnelleren. Wien

Hermann *Grabner* (1979), Allgemeine Musiklehre. Kassel u.a.

Gunda-Werner-Institut für Feminismus und Geschlechterdemokratie in der Heinrich-Böll-Stiftung, Sabine *Hark* (Hg.) (2016), Die Freundschaft zur Welt nicht verlernen. Texte für Christina Thürmer-Rohr – Zum 80. Geburtstag der Sozialwissenschaftlerin, Feministin und Musikerin. Berlin

Byung Chul *Han* (2010), Müdigkeitsgesellschaft. Berlin

Byung Chul *Han* (2012), Duft der Zeit. Bielefeld

Donna J. *Haraway* (2018), Unruhig bleiben. Die Verwandtschaft der Arten im Chthuluzän. Frankfurt am Main

Karin *Hausen* (1976), Die Polarisierung der »Geschlechtscharaktere«. Eine Spiegelung der Dissoziation von Erwerbsarbeit und Familienleben, in: Werner *Conze* (Hg.), Sozialgeschichte der Familie in der Neuzeit Europas. Neue Forschungen. Stuttgart 1976, 363–393

Jörg *Holkenbrink*, Anna *Seitz* (2020), Aufgehoben-Sein in Wissenschaft und Kunst. Ein Dialog über

Muße und Musen, Nutzen und Sinn, in: Muße. Ein Magazin, 5. Jhg. 2020, Heft 2, 87–95 DOI: 10.6094/musse-magazin/5,8.2020.87

Carl *Honoré* (2004), In Praise of Slow. How a Worldwide Movement is Challenging the Cult of Speed. London

Peer *Illner* (2021), Unworking. Berlin

Doris *Ingrisch* (2019), »›...im Chaos eine andere Ordnung erraten ...‹ – vom Entweder-Oder zum Und«, in: Marietta *Böning*, Lutz *Ellrich* (Hg.), Werte(De)Konstruktionen – Die Problematik starker Orientierungen. Berlin, 236–256

Doris *Ingrisch* (2017), »to be related. Gedankenvignetten«, in: Doris *Ingrisch*, Franz-Otto *Hofecker*, Beate *Flath* (Hg.), Gender – Kultur – Management. Relatedness in und zwischen Wissenschaft und Kunst. Transdisziplinäre Erkundungen. Bielefeld (zusammen mit Katharina Weinhuber), 47–56

Doris *Ingrisch* (2012), Wissenschaft, Kunst und Gender – Denkräume in Bewegung. Bielefeld

Francois *Jullien* (1999), Über die Wirksamkeit. Berlin 1999

Gabriel *Kämper* (2010), Das Schweigen der Musen, in: Zeitschrift für Ideengeschichte Heft IV/3, 34–46

Birgit Mara *Kaiser*, Kathrin *Thiele* (Hg.) (2018), Deffracted Worlds – Deffractive Readings. Onto-Epistemologies and the Critical Humanities. New York

Barbara *Gronau*, Alice *Lagaay* (Hg.) (2008), Performanzen des Nichttuns. Wien

Friedrich *Kluge* (1999), Etymologisches Wörterbuch der deutschen Sprache, bearbeitet von Elmar Seebold, 23. Erw. Aufl.. Berlin/New York

Walther *Ludwig* (1996), Der Ritt des Dichters auf dem Pegasus und der Kuß der Muse – zwei neuzeitliche Mythologeme, in: Nachrichten der Akademie der Wissenschaften in Göttingen, 3, 55–111

Marion *Mangelsdorf*, Doris *Ingrisch* (2020), Muße als Voraussetzung einer Dialogkultur quer zur zeitgenössischen Alma Mater?! in: Muße. Ein Magazin. 5. Jg., H. 2, 50–58

Andrea *Maihofer*, Klaus *Theweleit*, Nina *Degele* (2007), Das moderne männliche Subjekt im Anschluss an Adorno, Horkheimer und Foucault, in: Freiburger GeschlechterStudien 21: Männer und Geschlecht, 329–367

Judith *Mayne* (1992), From a Hybrid Place. Interview with Trinh T.Minh Ha, in: *Trinh* T. Minh Ha, Framer Framed. New York, 137–148

Vanessa Joan *Müller*/Cristina *Ricupero*/Nicolaus *Schafhausen* (2016), New Ways of Doing Nothing. Berlin

Martha C. *Nussbaum* (1999), Gerechtigkeit oder Das gute Leben. Frankfurt am Main

Wendy *Parkins*, Geoffrey *Craig* (2006), Slow Living. Langsamkeit im globalen Alltag. Zürich

Hans-Jörg *Rheinberger* (2014), Über Serendipität – Forschen und Finden, in: Gottfried *Boehm*, Emmanuel *Alloa*, Orlando *Budelacci*, Gerald *Wildgruber* (Hg.), Imagination. Suchen und Finden. Paderborn, 233–243

Philipp *Sarasin* (2018), Gender Studies und die »Polarisierung der Geschlechtscharaktere«: ein alter Text verdient es, neu gelesen zu werden, in: Geschichte der Gegenwart https://geschichtedergegenwart.ch/gender-studies-und-die-polarisierung-der-geschlechtscharaktere-ein-alter-text-verdient-es-neu-gelesen-zu-werden/

Martin *Seel* (2014), Aktive Passivität. Über den Spielraum des Denkens, Handelns und anderer Künste. Frankfurt am Main

Hans-Georg *Soeffner* (2014), Muße – Absichtsvolle Absichtslosigkeit, in: Burkhard *Hasebrink*, Peter Philipp *Riedl* (Hg.), Muße im kulturellen Wandel. Semantisierungen, Ähnlichkeiten, Umbesetzungen (linguae & litterae, Bd. 35). Berlin/Boston, 34–53

Nick *Trakakis* (2018), Slow Philosophy, in: The Heythrop Journal LIX, 221–239

Christina *Thürmer-Rohr* (2015), Kontroversen zur Kohabitation. »Denken von anderswo«, in: feministische studien. 33, 2, 308–322

Christina *Thürmer-Rohr* (2019), Fremdheiten und Freundschaften. Essays. Bielefeld

Michelle Boulous *Walker* (2016), Slow Philosophy. Reading against the Institution. London

Alfred North *Whitehead* (1925), Science and the Modern World. New York

Marion Mangelsdorf

Muße als Widerstandspotential

Zeichnet sich menschliches Dasein nicht gerade dadurch aus, dass wir das Dasein spüren und unsere Wahrnehmung vertiefen, dass wir Momente erfahren, in denen wir Chronos, die Zeit, als Kairos erfahren? Kairos ist die Zeit, die nicht einfach nur vergeht. Kairos stellt den gelungenen Moment dar, in dem wir uns ganz und gar einlassen können auf das, was *ist*, entgegen dem, sich zu verlieren in dem, was *war* noch was sein *könnte*. Ist es die Muße, die uns in diesen Zustand intensiven Lebensgenusses zu führen vermag? Und, zu welchem Widerstand kann uns die Muße in solchen Momenten ermächtigen?

Um mich dieser Frage anzunähern, nehme ich einleitend Bezug auf das Kompendium »Konzepte der Muße« des Sonderforschungsbereichs Muße an der Universität Freiburg. Darin heißt es:

> Eine Moderne, die Arbeit nicht als Mittel zu einem guten Leben versteht, sondern Produktivität und Leistung zum Selbstzweck erklärt, nimmt den Menschen die Fähigkeit, innezuhalten, Krisen zuzulassen und sich, angesichts dieser Krisen wieder ihrer selbst zu vergewissern. (Gimmel/Keiling et al. 2016, 1–2)

Dem gegenüber wird in der gleichnamigen Publikation das Potential von Muße betont, »zum Ort von Krisen der Selbstbestimmung und Reflexion [zu] werden.« (Gimmel/Keiling et al. 2016, 53) Muße beschreiben die Autor*innen als ›Ausnahmezustand‹, der einen Schutzraum vor dem Praxis-, Überlebens- und Leistungsdruck Raum für existentielle (In-)Fragestellungen und Krisen darstelle. Lässt sich Muße dementsprechend als Wendepunkt beschreiben, um darüber nachzudenken, wie wir uns ein ›gutes Leben‹ vorstellen; wie wir die Zeit nicht als dahinrinnend, sondern als Kairos, als selbstbestimmte und erfüllende Zeit erfahren können?

Weiterhin bleibt zu fragen, ob wir in Muße den Zwängen einer Produktionslogik und der damit einhergehenden Hast zu widerstehen lernen, wie sie der Philosoph Byung-Chul Han in seinem Essayband und in dem gleichnamigen Film »Müdigkeitsgesellschaft« beschreibt. Han bezeichnet uns, die wir in zeitgenössischen Gesellschaften leben, als müde Prometheus. Er stellt fest, dass wir uns zwar in Freiheit wähnten, dabei seien wir jedoch Gefesselte. Der Adler, der im Mythos an Prometheus' Leber frisst, sei unser Alter Ego. Zeitgenössisch gewendet symbolisiere dieser unser Selbstverhältnis, das eines der Selbstausbeutung sei. Angesichts dessen verstehe ich Muße als ein ›knappes Gut‹, das noch dazu ungleich verteilt ist, es steht nicht jedem Menschen gleichermaßen zur Verfügung. Entlang dieser gesellschaftlichen Rahmenbedingungen nähere ich mich der Muße als Widerstandspotential an. In einem ersten Part widme ich mich der Bestimmung von Muße. Was ist darunter zu verstehen und was geschieht, wenn Muße erfahren wird? Ich gehe dem nach, dass Muße eine Differenzerfahrung im Alltag schafft, aus deren Perspektive die Logik fremdbestimmter Produktivität ebenso hinterfragbar wird, wie die Selbstzuschreibungen eines von Leistungsprämissen überforderten Selbst. Ebenso gehe ich näher darauf ein, dass Muße auf gesellschaftliche Distinktionen verweist und die Chancen auf selbstbestimmtes freies Tun keine Selbstverständlichkeit darstellt. Geschlecht, sozialer Status, Beruf, Bildung, Herkunft und Alter sind nur die offensichtlichsten Kategorien, deren gesellschaftliche Relevanz sich auch in Zuschreibungen von Mußechancen äußert. Während die Verteilung von Zeitressourcen und Spielräumen der Muße Milieu abhängig sind und eine Frage des Lebensstils darstellen, birgt sie in der heutigen Neuformierung der Arbeitsgesellschaft besondere Sprengkraft. Denn aus der – wenn auch nur temporären – Freiheitserfahrung von Muße kann sich eine veränderte Sicht auf den eigenen Alltag entfalten, die gewohnte alltägliche Routinen und gesellschaftliche Rollenerwartungen in Frage stellt.

In einem zweiten Part gehe ich dieser Sprengkraft von Muße – ihrem transgressiven Potential – in Bezug auf den bereits genannten 2015 von Isabella Gresser erschienen Film »Müdigkeitsgesellschaft. Byung-Chul Han in Seoul/Berlin« sowie den 2015 von Hrund Gunnsteinsdottir und Kristín Ólafsdóttir produzierten Film »InnSaei. Die Kraft der Intuition« näher ein. Beide Filme befassen sich eingehender mit unseren von Burnout geprägten Leistungsgesellschaften. Auf der Basis einer kulturkritischen Zeitdiagnose wenden sie sich Konzepten und Termini zu, die verwandtschaftliche Nähe zur Muße aufweisen, beide Filme loten gesellschaftliche Rahmenbedingungen aus, um einer Selbstausbeutung emanzipatorisch zu begegnen: Kann der Selbstausbeutung in Muße widerstanden werden? Bedarf es dafür dem, was auf Isländisch mit *InnSaei* benannt wird? »InnSaei means the sea within, it means to see within, and InnSaei means to see from the inside out« (Gunnsteinsdottir/Ólafsdóttir 2015, 0:06:25–01:06:40). Inwiefern bedarf es zur Erfahrung dieser verschiedenen Aspekte von InnSaei einer – wie Han vorschlägt – ›radikalen Müdigkeit‹? Das heißt einer Müdigkeit, »die Zugang zu einer ganz anderen Aufmerksamkeit [bietet], Zugang zu jenen langen und langsamen Formen, die sich der kurzen und schnellen Hyperaufmerksamkeit entziehen« (Han 2015, 60). Es sei eine Ökonomie, die Effizienz und Beschleunigung zum Verschwinden brächte (vgl. Han 2015, 60). Doch bevor ich mich diesen Themen weiter annähere, wenden wir uns zunächst der Bestimmung von Muße und der durch sie aufgeworfenen Distinktionen zu.

Muße – vom Privileg zum Menschenrecht

In Begleitung des Soziologen Hans-Georg Soeffner möchte ich Muße als ›absichtsvolle Absichtslosigkeit‹ beschreiben. Es bedarf für ein Mußearrangement einer räumlich und zeitlich gegenalltäglichen Rahmung. Soeffner unterscheidet drei Merkmale von Mußearrangements: Zunächst schafft Muße eigengesetzliche kleine Welten in der Welt. Dabei werde versucht, die erlebte gegen eine gemessene Zeit zu setzen; d.h. die Standardzeit der Arbeits- und Alltagsabläufe – die ›Chronologik‹ – werde zugunsten einer eigenen ›Logik‹ angehalten. Gelingt dieser Ausnahmezustand könnten Mußeräume und -zeiten die eigene Wahrnehmung und Empfindung für das Zusammenspiel aller Sinne öffnen: Muße schaffe die Chance für erlebbare, ›befreite‹ Synästhesie (vgl. Soeffner 2014, 44). Eine solche Muße-Rahmung

> setzt auf eine paradoxe Wechselwirkung: Die Absonderung und Abschließung der Mußeräume von denen des alltäglichen Geschäfts zielt auf die Öffnung eines Raums der Imagination jenseits messbarer Dreidimensionalität. (Soeffner 2014, 45)

Muße stellt also einen geschlossenen Sinnbezirk dar, da, so Soeffner, die in der Muße vorherrschende, außeralltägliche Grundstimmung sich offensichtlich einer Bewusstseinsspannung verdanke, die geprägt ist durch einen offenen Wahrnehmungs- und Erlebnishorizont sowie durch freischwebende Interessen (vgl. Soeffner 2014, 46).

Dabei sind die Rahmenbedingungen von Muße Milieu abhängig. Soeffner beschreibt, dass das Bürgertum jenseits der Arbeitswelt seine Mußeenklaven im Salon, der Bibliothek oder im Studierzimmer gefunden habe; der Adel bei der Jagd, das Bürgertum beim Spaziergang und die (Fach-)Arbeiter oder ›kleinen Angestellten‹ in Schrebergärten. Während diese ihre Blaskapelle liebten, sei es bei den Bürger*innen das Streichquartett. Diese ›feinen Unterschiede‹ würden sich bis in die Gegenwart halten (vgl. Soeffner 2014, 44).

Jochen Gimmel betont zudem:

> Die unterschiedlichen Lebensstile von Menschen sind nicht nur auf eine unterschiedliche Ressourcenausstattung an Geld oder Bildung zurückzuführen, sondern hängen gleichermaßen von den zur Verfügung stehenden kulturellen Handlungsmöglichkeiten ab, zum Beispiel dem Zugang zu Mußeräumen. (Gimmel 2016, 84)

Der Philosoph führt weiter aus, dass in dem Maße, in dem die Berufs- und Arbeitswelt ihre Identifikationsfunktion für eine Mehrheit der Bevölkerung in der postindustriellen Gesellschaft verloren habe, Freizeit- und Muße-Aktivitäten zu einem zentralen Bestimmungsmerkmal geworden seien (vgl. Gimmel 2016, 85).

Als ehemalige Begleitforscherin zu Fragen der Gender Studies, Transdisziplinarität und Verkörperung am Sonderforschungsbereich Muße, möchte ich darüber hinaus betonen, dass Muße als soziale Praxis ebenfalls geschlechtlich konnotiert ist. In einem Gespräch mit Doris Ingrisch im Muße-Magazin Ausgabe 1/2019 sind wir auf diesen Aspekt näher zu sprechen gekommen, darauf, dass Muße zuallererst Assoziationen wachrufe, die männlich geprägt und mit Privilegien verbunden seien, die nicht jedermensch Sache sind (vgl. Mangelsdorf/Ingrisch 2019, 14). So würden neben Bildern von Gelehrten, die durch ehrwürdige Hallen wandeln, ebenso Gegenbilder entstehen von emsigen Frauen und Mädchen, die nicht ruhen dürften. Oder Bilder von Künstlern, wo sich dann eventuell am Bildrand so etwas wie eine Muse räkelte (vgl. Mangelsdorf/Ingrisch 2019, 14). Der Terminus Muße führt Doris Ingrisch und mich zunächst einmal nicht in die Jetzt-Zeit, sondern ins 19. und 20. Jahrhundert. So kommen wir auf Virginia Woolfs 1929 erschienenes Essay »Ein Zimmer für sich allein« zu sprechen, in dem die Autorin pointiert formulierte, dass es zentral sei, sich Räume für Muße zu eröffnen, um in Ruhe schreiben oder seinen Gedanken nachgehen zu können, aber vor allem auch, um seinen eigenen Ausdruck zu finden (vgl. Mangelsdorf/Ingrisch 2019, 15). Eine Frage, die auch 90 Jahre später immer noch relevant sei, jedoch unter den Bedingungen, die etwa das Mehrfachgefordertsein von Frauen mit sich brächte: Sie sind nun vielfach berufstätig und tragen trotzdem die Hauptverantwortung für die Kinder und mitunter die pflegebedürftigen älteren Verwandten. Selbst wenn sie einen Rückzugsort haben, bleibt die Frage, wie sie sich ein entsprechendes Zeitfenster schaffen können, um in einen Zustand der Muße gelangen zu können (vgl. Mangelsdorf/Ingrisch 2019, 15).

Die Covid-19-Pandemie hat diese Thematik noch einmal drastisch verschärft. Die Soziologin Heike Olbrecht spricht in einem *mdr*-Interview davon, dass sich alte Geschlechterrollen in der Zeit des Lockdowns wieder verstärken würden. Frauen müssten sich um die Kinder kümmern, den Haushalt managen, häufig noch für den Mann kochen, der auch im Homeoffice sei, Homeschooling leisten und die sozialen Kontakte via Telefon managen (vgl. Olbrecht 2021 und World Economic Forum 2021).

Fassen wir an dieser Stelle zusammen: Muße ist voraussetzungsvoll, sie ist ein knappes Gut, das nicht jedermensch zur Verfügung steht. »Muße ist«, darauf weist Gimmel hin, »als Begriff einer stratifikatorischen Gesellschaft zu verstehen.« (Gimmel 2016, 85) Anknüpfend an Aristoteles sei Muße klassisch als die Befreiung von harter, körperlicher Arbeit und damit als das Privileg einer herrschenden Klasse beschrieben worden. Solche Begründungsmuster konzipierten Muße a priori funktionalistisch, insofern die dienende Klasse der herrschenden Klasse durch ihre subsistenzsichernde Arbeit Freiräume zur kulturellen Verfeinerung eröffnen sollte. Muße entspräche damit einem vorindustriellen Freizeitbegriff, wobei die Unterscheidung von Arbeit und Freizeit erst durch die Industrialisierung entstanden sei. Im Zuge der Industrialisierung sei es jedoch zu einer Wandlung des Muße-Monopols gekommen. Seither käme Muße nicht mehr allein der Oberschicht zugute, sondern werde als Freizeit allen Bürger*innen zur Verfügung gestellt (vgl. Gimmel 2016, 85).

Kann Muße jedoch demokratisiert werden, wie es Christoph Wulf und Jörg Zirfas 2007 im Paragrana Band »Muße« fragen oder ist sie auch in Zukunft noch eine elitäre Lebensform (Wulf/Zirfas 2007, 10)? In ihrem Vortrag »Mensch, Maschine, Muße: Über Arbeit im digitalen Zeitalter« geht die Philosophin Ruth Hagengruber einer vergleichbaren Fragestellung unter den Voraussetzungen der derzeitigen Digitalisierungsprozesse nach. Hagengruber gibt zu bedenken, dass digitale Technologien immer mehr Aufgaben übernehmen würden, für die sich die Menschen lange unentbehrlich hielten. Wir setzten alles daran, körperliche Arbeit los zu werden, um uns dann umso ausschließlicher jenen Tätigkeiten zu widmen, von denen die antiken Philosophinnen und Philosophen immer schon behauptet hätten, sie seien dem Menschen angemessen: Das Leben in Denken und Muße. Während der aristotelische Mann/Herr noch über eine stattliche Anzahl Diener verfügen musste, um so von körperlicher Arbeit frei zu werden, schiene dieses Privileg, dank der Maschinen, heute immer mehr Menschen offen zu stehen. Selbst Marx und die auf ihn folgenden Sozialisten forderten die Abschaffung oder Verringerung der Arbeit durch Technik, um den Menschen Freizeit und Zeit für Bildung zu geben. Die Entlastung durch die (intelligente) Maschine erfüllte also durchaus ein philosophisches und soziales Programm. Sie schiene den Weg zu ebnen in eine Zukunft, in der die genuin menschlichen Tätigkeiten, die ehedem als Luxus galten, zur Grundlage unserer Arbeit würden: Tätigkeiten des Geistes, der Fantasie, der Bildung, der Kreativität (vgl. Hagengruber 2018).

Soeffner beschreibt diesen historischen Wandel als einen vom »Privileg zum Menschenrecht« (Soeffner 2014, 35 ff.). Das ›Recht auf Muße‹ für alle Menschen sieht der Soziologe verbunden mit der Einsicht

> in die anthropologische Verankerung einer spezifischen Möglichkeit des Menschen, eine außeralltägliche und dennoch innerweltlich fundierte Haltung gegenüber sich selbst, seiner Welt und seiner Mitwelt zu gewinnen. (Soeffner 2014, 37)

In einer pandemischen Ausnahmesituation, währenddessen dieser Beitrag entstand, zeigt sich jedoch – gleichsam wie durch ein Vergrößerungsglas –, dass Unterschiede nach Geschlecht, sozialem Status, Bildung oder Herkunft noch längst nicht überwunden sind. Wie steht es also um das knappe Gut des selbstbestimmten freien Tuns? Wenden wir uns den beiden erwähnten Dokumentarfilmen zu, die sich auf ihre jeweils eigene Weise mit zeitgenössischen Gesellschaften befassen, die vom Phänomen des Burnouts geprägt sind und sich somit weit entfernt haben von Zuständen der Muße. Vor welche Herausforderungen sehen sie moderne Menschen gestellt und wie beschreiben sie Möglichkeiten dem zu widerstehen?

Auf der Suche nach Muße in Burnoutgesellschaften

Während Isabella Gresser den Philosophen Byung-Chul Han in »Müdigkeitsgesellschaft« sowohl in Seoul als auch Berlin begleitet, gehen die beiden Produzentinnen, des Films »InnSaie. Die Kraft der Intuition« auf eine weltweite Reise. Nach einem Burnout treibt die ehemalige UNO-Mitarbeiterin Hrund Gunnsteinsdóttir eine Frage um: Sie fragt sich, ob ihr Zustand Folge eines Verlustes ist, des Verlustes ihrer inneren Stimme, ihrer Intuition zu lauschen. Zusammen mit Kristín Ólafsdóttir, einer befreundeten Filmemacherin, besucht sie Künstler*innen, spirituelle Denker*innen und Wissenschaftler*innen. Gemeinsam ist den unterschiedlichen Gesprächspartner*innen die Feststellung, dass wir dabei seien, unsere Intuition zu verleugnen. Wir könnten unsere innere Stimme kaum noch hören. Wir suchten die Lösung von Problemen immer mehr außerhalb von uns selbst. Aber warum? Weil die Menschen ihre Möglichkeit nicht auszuschöpfen vermögen »eine außeralltägliche und dennoch innerweltlich

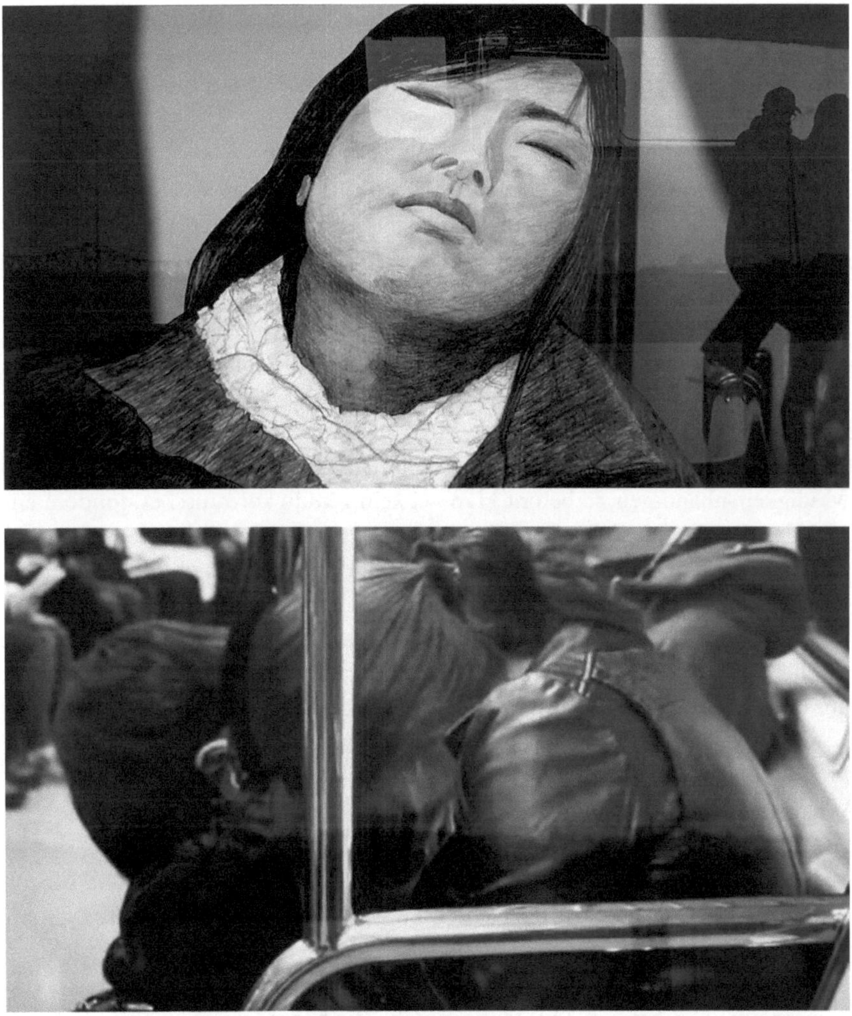

Abb. 1–2: Gresser 2015, von Müdigkeit überwältige Menschen in Seoul/Korea, u. a. in den U-Bahnen.

fundierte Haltung gegenüber sich selbst, seiner Welt und seiner Mitwelt zu gewinnen« (Soeffner 2014, 37)? Kurzum, mangelt es uns daran, auf das transgressive Potential zurückzugreifen, dass aus der Muße erwachsen kann?

Han diagnostiziert:

> Wir leben nicht mehr in einer Disziplinargesellschaft, die vom Verbot oder Befehlen beherrscht ist, sondern in einer Leistungsgesellschaft, die angeblich frei ist, die vom Können […] bestimmt ist. Aber dieses Können erzeugt nur am Anfang ein Gefühl von Freiheit, bald erzeugt es mehr Zwänge als ›Du sollst‹. Man wähnt sich zwar in Freiheit, aber in Wirklichkeit beutet man sich freiwillig und leidenschaftlich aus bis man zusammenbricht. (Gresser 2015, 00:36:59–00:37:26)

Auf den Spuren Hans durch seine Heimatstadt Seoul führt uns Gresser eindrucksvoll die Erschöpfung der Menschen in der asiatischen Metropole vor. Das Müdigkeitsphänomen, so betont Han, sei kein genuin koreanisches, sondern ein globales, vor allem im Westen vorkommendes Problem. Besonders ausgeprägt sei das Phänomen in Korea jedoch, »weil das Land in so kürzester Zeit von einem ärmsten Agrarland zu einer führenden Industrienation aufgestiegen ist« (Gresser 2015, 00:14:38–00:14:47). Im Film sehen wir Menschen in überfüllten U-Bahnen, die auf das Display ihrer Handys schauen oder vor lauter Erschöpfung auf ihren Sitzen eingeschlafen sind (siehe Foto 1–2).

»Die U-Bahnen in Seoul gleichen Schlafwagen« (Gresser 2015, 00:13:33) kommentiert Han. Ebenfalls sei Korea, was Suizid angeht, »inzwischen die Weltspitze. Menschen halten den Druck offenbar nicht mehr aus« (Gresser 2015, 00:17:10–00:17:16).

In einer Gesellschaft, die vom Können bestimmt ist, würden sich die Einzelnen für ihr Versagen selbst die Schuld geben, nicht der Gesellschaft. Wer am Diktum des eigenen Könnens gescheitert ist, dessen Scham über die nicht erbrachte Leistung wiege so schwer, dass es oft nur einen einzigen Ausweg zu geben scheint: Der Freitod. Die Mapo Brücke, die besonders beliebt war, um sich in die Tiefe zu stürzen, werde inzwischen als »Brücke des Lebens« bezeichnet und durch Bewegungsmelder würden den Passant*innen positive Botschaften vermittelt (siehe Foto 3), die sie vom Suizid abhalten sollen. Zudem florierten in Korea Todesseminare, in denen man sich unter anderem lebendig in den Sarg lege (siehe Foto 4).

> Die versuchen offenbar ein wenig innezuhalten in dem von Müdigkeit, Hektik und Arbeit bestimmten Leben. Es wird der eigene Tod simuliert, um vielleicht einen

Abb. 3–4: Gresser 2015. Oben: Die Mapo Brücke; unten: Todesseminare in Seoul/Korea.

> anderen Blick auf das Leben zu gewinnen oder einen anderen Wert des Lebens zu entdecken. (Gresser 2015, 00:19:07–00:19:28)

Ebenfalls Hrund Gunnsteinsdóttir setzt als ehemalige UNO-Mitarbeiterin an der Auseinandersetzung mit Tod, Krieg und Gewalt an. Sie sah sich in ihrem Beruf mit diesen existentiellen Themen unter anderem im Kosovo konfrontiert, wo sie sich für Frauenrechte einsetzte, zweifelt jedoch die Art und Weise des Umgangs damit an.

Sie persönlich habe zwar alles gegeben, habe aber ihre Grenzen nicht erkannt; habe nicht gewusst, wie sie mit den Erfahrungen von Trauma und Trauer umgehen sollte, so spaltete sie ihre Empfindungen ab. Sie habe gegen ihre eigene innere Stimme, gegen ihre Intuition gehandelt. Aber auch die Rolle der UNO sieht sie kritisch angesichts von Menschen, die Krieg erleiden; sie handle zu administrativ und sei zu wenig verbunden mit den Menschen, die sie zu bestärken versuchte. Die Welt würde sich so schnell verändern und wir seien in alten Formen versunken, wie wir die Dinge handhabten (vgl. Gunnsteinsdóttir/Ólafsdóttir 2015, 00:03:54–0:06:20).

An späterer Stelle führt sie weiter aus, wir müssten überdenken, wie wir die Welt wahrnehmen. Anstatt, dass die Form, wie wir in der Welt miteinander in Kontakt stünden, uns näher zueinander führen würde, seien wir immer weniger mit uns selbst, untereinander und der Welt um uns herum verbunden. Untermalt sind ihre Gedanken mit Bildern eines Meeres, das nach und nach unter der Oberfläche von lehmartigen Zellen durchzogen wird. Aus den Zellen schauen vereinzelte Individuen isoliert voneinander über die Wände des eigenen Quadrantens (Gunnsteinsdóttir/Ólafsdóttir 2015, 00:43:55–00:44:32; siehe Foto 5–6). Dem gegenüber setzt Gunnsteinsdóttir das isländische Wort InnSaei:

> InnSaei means the sea within, it means to see within, and InnSaei means to see from the inside out. The sea within is the borderless nature of our inner world, it is constantly moving, it goes beyond worlds. It is a world of vision, feelings, and imagination. The sea within cannot put into boxes, because then it's ceases to flow. To see within, means to know yourself, to know yourself well enough to be able to put yourselve into ones other shoes, and to bring out the best of you. (Gunnsteinsdóttir/Ólafsdóttir 2015, 00:43:55–00:44:32)

Wie bereits durch dieses Zitat deutlich wird und wie ich im Weiteren aufzeigen möchte, bleiben beide Filme nicht bei einer pessimistischen Zeitdiagnose und Kulturkritik stehen. Sie beschreiben nicht nur den Leistungsdruck, die

Abb. 5–6: Gunnsteinsdóttir/Ólafsdóttir 2015. Unter der Meeresoberfläche brechen Zellen hervor.

Hast, Vereinzelung und Erschöpfung, von der moderne Menschen geplagt sind, sondern gehen auf die Suche nach etwas, das dem zu widerstehen vermag. Ich möchte diese Suche als eine Archäologie des Widerstandpotentials der Muße bezeichnen, auch wenn in beiden Filmen der Terminus Muße nicht explizit verwendet wird. In diesem Sinne möchte ich zum Abschluss dieses Beitrags auf Filmsequenzen zu sprechen kommen, die als Muße-affin zu verstehen sind und werde sie in ein Verhältnis zur Bestimmung der Muße setzen, wie ich sie einleitend ausgeführt habe.

Verweilen wir noch einen Moment bei dem isländischen Wort InnSaie. Was dies konkret bedeuten kann, führt uns der Film anhand einer Londoner Grundschule vor, die das sogenannte »mindup«-Programm in ihren Schulalltag integriert hat. Die Kinder werden durch Meditation und Entspannungsübungen darin unterstützt, zur Ruhe zu kommen, sich über ihre eigenen Gefühle klarer zu werden und bei Stress oder Ärger Handlungsalternativen zu entwickeln. Eindrücklich wird insbesondere durch die Entwicklung von Shyloh, eines der Grundschulkinder, gezeigt, dass – wie es Soeffner bezeichnete – das ›Recht auf Muße‹ für alle Menschen sinnvoll mit einem Bildungsauftrag verknüpft werden kann. Zumindest kann durch dieses Programm den Kindern der Zugang zu Mußeräumen eröffnet, Muße als Gut und »zur Verfügung stehende kulturelle Handlungsmöglichkeit« (Gimmel et al. 2016, 84) vermittelt werden. Das heißt, diese als eine spezifische »Möglichkeit des Menschen, eine außeralltägliche und dennoch innerweltlich fundierte Haltung gegenüber sich selbst, seiner Welt und seiner Mitwelt zu gewinnen« (Soeffner 2014, 37).

Im Film sehen wir, wie Shyloh Schritt für Schritt lernt das in der Schule vermittelte »mindup«-Programm nicht nur vor Ort, sondern auch zu Hause in einer Weise anzuwenden, dass er etwa auf Streitigkeiten mit seinem Bruder gelassener reagieren und sich beim Spiel mit den Schulkamerad*innen empathischer einfügen kann. Selbst sein Vater lässt sich von ihm anregen, sein Leben achtsamer zu gestalten. Dabei formuliert Shyloh einen unmittelbaren Zusammenhang zwischen dem »mindup«-Programm und seinen Erfahrungen, sein eigenes Leben befriedigender zu gestalten: In der Schule kann er konzentrierter und freudiger mitwirken, im Klassenverbund fühlt er sich eingebundener und – worüber sich sein Vater besonders freut – er blickt optimistisch in seine Zukunft. In einem Wortwechsel zwischen Vater und Sohn betont der Vater, dass er Shyloh nichts vorschreiben möchte, er solle seine eigenen Entscheidungen treffen. Geld sei wichtig, aber nicht alles; es gehe darum, ein glückliches Leben zu führen. Shyloh betont: »I have so many options, I can't choose!« (Gunnsteinsdóttir/Ólafsdóttir 2015, 01:03:42-01:03:44). Anhand des Beispiels mit Shyloh

Abb. 7–8: Gunnsteinsdóttir/Ólafsdóttir 2016. Shyloh (oben und unten Bildmitte) in einer Londoner Schule.

zeigt der Film Wege auf, inwiefern Muße-affine Praktiken nicht als Privileg, sondern als Menschenrecht ausgestaltet werden können. Es werden Praktiken vorgeführt, wie eine innere Haltung sich Selbst, Anderen und der Welt gegenüber ungeachtet des sozialen Status oder Geschlechts gefördert werden können.

Widerständigkeit in und durch Muße

In den beiden angesprochenen Filmen werden Muße-affine Praktiken und Lebensweisen thematisiert, die anregen, der Selbstausbeutung in zeitgenössischen Gesellschaften widerständig zu begegnen. Während die Regisseurinnen des isländischen Films dabei der Rolle von Bildung, künstlerischen Ausdrucksformen und kognitionswissenschaftlichen Erkenntnissen auf der Spur sind, formuliert Han philosophische Überlegungen. Beiden Filmen gemeinsam ist, dem vorherrschenden Narrativ eines überforderten Selbst Lebensformen entgegenzusetzen, die eine Intensivierung von Verbundenheit mit sich selbst, Anderen und der Umwelt – wie sie der Film »InnSaie« betont – und eine »freundliche Abrüstung des Ichs« (Han 2010, 6) – wie sie der Film »Müdigkeitsgesellschaft« thematisiert – in den Blick nehmen.

Dabei macht sich Han entgegen einer Ratgeberphilosophie, die Orientierung anbiete, um sich im Gegebenen zurecht zu finden, für eine Philosophie stark, die desorientiere und aufrüttele: Er spricht von einer radikalen Müdigkeit, die dem Menschen zu einer besonderen Gelassenheit, zu einem gelassenen Nichtstun befähige.

Er verweist auf den Dichter und Philosoph Zhuangzi, dem eine andere, zwanglose Gesellschaft vorschwebte:

> Eine Gesellschaft aus Einbeinigen, Zehlosen und Buckeligen, die es aber meisterhaft verstehen Nichts zu tun, sie entziehen sich jeder Effizienzlogik und sie machen – wie Zhuangzi so schön sagt – Gebrauch vom Unbrauchbaren. (Gresser 2015, 53:35–53:55)

Bildästhetisch unterstreicht der Film »Müdigkeitsgesellschaft« einen Kontrast von traumwandlerischen schwarz-weiß-Aufnahmen und realitätsnahen Farbaufnahmen. Die schwarz-weiß-Aufnahmen kontrastieren die Erzählungen über die Burnoutgesellschaft Koreas mit dem Leben Hans in Berlin: Die vollkommene Erschöpfung der Menschen in Seoul steht die Suchbewegung des Philosophen gegenüber, Formen einer ›radikalen Müdigkeit‹ ausfindig zu machen: Lesend

Abb. 9–10: Gresser 2015. Oben: Han spaziert durch Berlin; unten: Han spaziert durch einen Park in Korea.

inmitten urbanen Treibens oder im gemächlichen Flanieren durch die Straßen beider Metropolen. Er streift durch das ›Niemandsland‹ des Tempelhofer Feldes in Berlin, auf Friedhöfe und durch Parkanlagen sowohl in Deutschland als auch Korea. Dabei begibt er sich ebenfalls eskapistisch an die Ränder von Seoul, in klösterliche Enklaven. Han verweist damit auf klassische Muße-Orte, Orte des Rückzugs, zelebriert kontemplative Momente, die bereits in der Antike als höchste Form der Muße galten. Beschreibt er damit die Muße als Privileg einiger Weniger als selbstgenügsame Praxis von Philosoph*innen und Mönchen? Nicht nur, auch wenn er den Rückzug privilegiert, doch er führt die Widerständigkeit radikaler Müdigkeit vor allem auch *inmitten* urbanen Lebens vor, einem Leben, das weniger »von einer hemmungslosen Aufrüstung, sondern von einer *freundlichen Abrüstung des Ichs*« (Han 2010, 6) geprägt sein solle. Um diese Gedanken zu unterstreichen, finden sich bei Han neben philosophisch-essayistischen Gedanken eine Reihe literarischer, cineastischer ebenso wie poetischer Exkurse. Beispielsweise nimmt er Bezug auf Wim Wenders Spielfilm »Himmel über Berlin«. Hier wie dort wird ein entrücktes Bild urbanen Lebens in Szene gesetzt, das zugleich eine Introspektion der Menschen zu gewähren versucht. Während sich Han in »Müdigkeitsgesellschaft« selbst daran wagt, den – wie er es nennt – ›depressiven Narzissmus‹ der Menschen in zeitgenössischen Gesellschaften zu beleuchten, unternimmt der Film von Wim Wenders den Blick ins Innere der Menschen durch einen Kunstgriff: Es sind die Schutzengel der Menschen, die ihre inneren Stimmen zu Gehör bringen. Im Sinne Hans versinnbildlicht der Spielfilm das, was er als ›radikale Müdigkeit‹ bezeichnet; es ist ein Zustand, der

> eine neue Wahrnehmung [ermöglicht], die auch das Lange und das Langsame zulässt […] [e]ine Müdigkeit, die einen Zugang zu einer anderen Aufmerksamkeit jenseits von Verwertung und Effizienz erlaubt. (Gresser 2015, 53:35–53:55)

Weiter formuliert Han:

> Die Müdigkeit als ein mehr des weniger. Ich eröffnet ein Zwischen, in dem die Klammer des Ichs sich lockert. Ich sehe nicht bloß das Andere, sondern ich bin das Andere und das Andere wird zugleich Ich. Das Zwischen ist ein Raum der Freundlichkeit. (Gresser 2015, 00:54:52–00:55:12)

Bei Han bleibt es vage, was das bedeuten kann: Wer soll sich wie diesen Raum eröffnen können? Wie soll sich in Leistungsgesellschaften das Lange und Langsame etablieren? Dieser Raum des Zwischen und der Freundlichkeit wird in

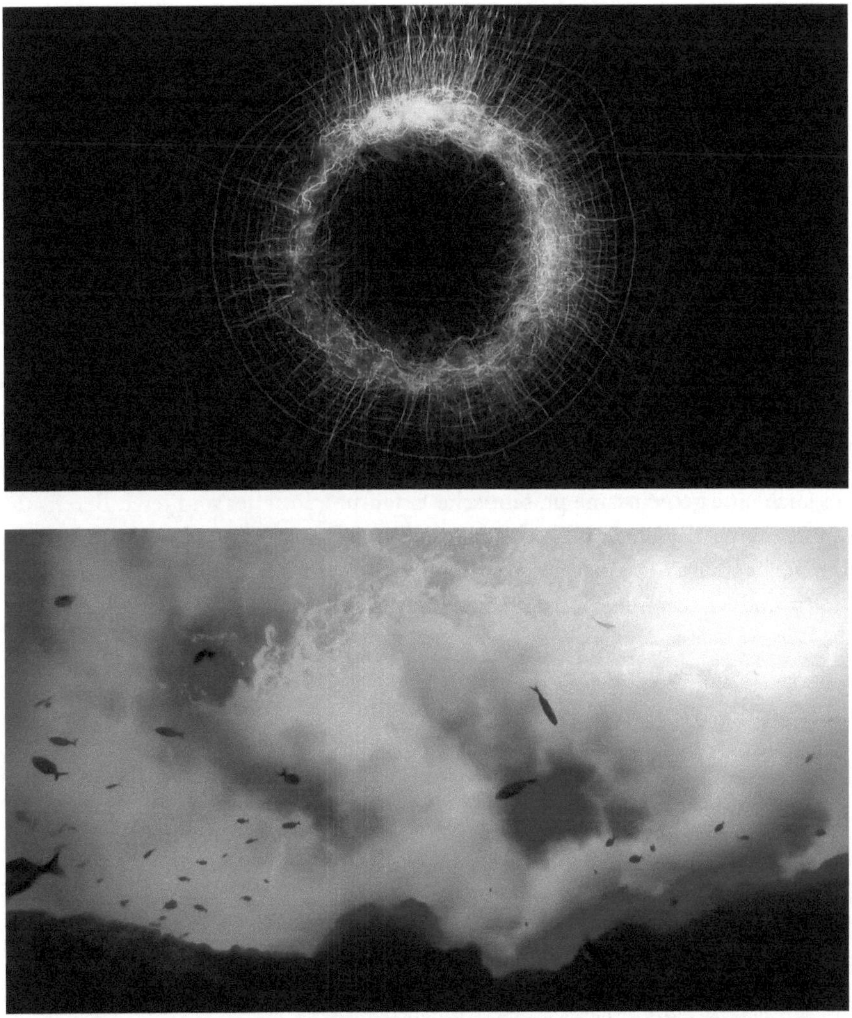

Abb. 11–12: Gunnsteinsdóttir/Ólafsdóttir 2015. Oben: Visualisierung von Hirnaktivitäten; unten: Unterwasserbilder.

»InnSaie« durch die Bedeutsamkeit von Verbundenheit betont, einer Verbundenheit, die der Langsamkeit, der Achtsamkeit, der Ruhe, des Freiraums oder mit anderen Worten: der Muße bedarf. Filmästhetisch lenkt »InnSaie« neben klassischen Interviewsituationen immer wieder den Blick in Visualisierungen von Hirnaktivitäten oder Unterwasserwelten. Außerdem stellt der Film Aufnahmen aus dem MoMA (Museum of Modern Art) in New York zentral, wo Marina Abramović 2010 im Rahmen einer 721 Stunden währenden Performance »The Artist Is Present« rund 1.500 Menschen gegenübersaß und jedem einzelnen ihrer Gegenüber für einige Minuten mit ihrer ganzen Aufmerksamkeit begegnete. Kaum ein Kunstprojekt hat in den letzten Jahrzehnten so viele Menschen berührt und zu vergleichbaren Aktionen im öffentlichen Raum gesorgt. Denn zwei Menschen, die sich gegenübersitzen und einander in die Augen blicken, bringen in einem hohen Maße zum Ausdruck, welche Bedeutung Muße in der Begegnung mit einem anderen Menschen annehmen kann: Eine radikale Situierung als auch eine gemeinsame präsentische Erfahrung im Hier und Jetzt. Bereits darin liegt eine Widerständigkeit, denn im Sinne Byung-Chul Hans kann sich dadurch ein Raum der Freundlichkeit eröffnen sowie im Sinne Hrund Gunnsteinsdóttir und Kristín Ólafsdóttir die innere Stimme der Intuition Geltung erlangen.

Literatur

Jochen *Gimmel*, Tobias *Keiling*. Mitarbeit von Joachim *Bauer*, Günter *Figal*, Sarah *Goulda*, Sylvaine *Gourdain*, Thomas *Jürgasch*, Roman *Kiefer*, Andreas *Kirchner*, Alexander *Lenger*, *Minh-Tam* Luong, Stefan *Schmidt*, Michael *Vollstädt* (2016), Konzepte der Muße. Tübingen

Jochen *Gimmel* (2016), Krise. Exklusion und Ungleichheit, in: ders., Tobias *Keiling*. Mitarbeit von Joachim *Bauer et al.,* Konzepte der Muße. Tübingen, 74–91

Ruth *Hagengruber* (2018), Mensch, Maschine, Muße: Über Arbeit im digitalen Zeitalter, https://www.wissenschaftsjahr.de/2018/neues-aus-den-arbeitswelten/das-sagt-die-wissenschaft/mensch-maschine-musse-ueber-arbeit-im-digitalen-zeitalter/ [22.08.2021]

Byung-Chul *Han* (2010), Müdigkeitsgesellschaft. Berlin

Doris *Ingrisch*, Marion *Mangelsdorf* (2019), Gender und die Kunst der Muße, in: Muße. Ein Magazin, 4, Heft 1, 14–17

Heike *Olbrecht* (2021), https://www.mdr.de/nachrichten/sachsen-anhalt/landespolitik/homeoffice-homeschooling-haushalt-frauen-verliererinnen-corona-krise-100.html [22.08.2021]

Hans-Georg *Soeffner* (2014), Muße – Absichtsvolle Absichtslosigkeit, in: Burkhard *Hasebrink*, Peter Philipp *Riedl* (Hg.), Muße im kulturellen Wandel. Semantisierungen, Ähnlichkeiten, Umbesetzungen (linguae & litterae 35). Berlin/Boston, 34–53

World Economic Forum (2021), Global Gender Gap Report 2021. Cologny/Geneva, https://www3.weforum.org/docs/WEF_GGGR_2021.pdf [05.07.2022]

Christoph *Wulf*, Jörg *Zirfas* (2007) (Hg.), Muße, in: Paragrana. Internationale Zeitschrift für Historische Anthropologie, 16, Heft 1, 9–11

Filme

InnSaei. Die Kraft der Intuition (IS/GB 2015), Regie: Hrund *Gunnsteinsdottir*, Kristín *Ólafsdóttir*, Buch: Hrund Gunnsteinsdottir, Kamera: Faye, Produktion: Kristín Ólafsdóttir; Ko-Produktion: Sandra Tabares-Duque; Heather Millard, Produktionsleitung: Al Morrow, Redaktion: Soria Kyriacou, Partitur: Úlfur Eldjárn, Musik: Budapest Art Orchestra, Miklos Lukacs, Samuli Kosminen, Kjartan Guđnason, Úlfur Eldjárn. Mit Bill George, Iris Bohnet, Iain McGilchrist, Marti Spiegelman, Enric Sala, Tan Le, Marina Abramović, Malidoma Patrice Tomé, Högni Egilsson, Daniel Shapiro, Faye Allen-Norris, Shyloh Robinson, Lorenzo Robinson, Jack Johnston, Yasmin Selha, René Harvey, Jonathan Harris, Dadi Janki.

Müdigkeitsgesellschaft. Byung-Chul Han in Seoul/Berlin (D 2015), Idee & Realisation: Isabella *Gresser*, Ton & Text: Byung-Chul Han, Kamera/Sound & Bearbeitung: Isabella Gresser, Zeichnungen/Fotos & Animation: Isabella Gresser, Musik: Open Goldberg Variationen von Kimiko Ishizaka cc Zero Born in Flames, Eigenkompositionen: Byung-Chul Han, Zitate: Byung-Chul Han, Müdigkeitsgesellschaft, 2010 Matthes & Seitz Verlag Berlin; Wim Wenders, Himmel über Berlin, 1987 Verlag der Autoren, Frankfurt; Peter Handke, Versuch über die Müdigkeit, 1989 Suhrkamp Verlag.

Doris Uhlich

SHIFT

Ich lade dazu ein, 60 Minuten Raum und Zeit, sich selbst und Mitmenschen ungewohnter, ungewöhnlicher zu erfahren. »Von einer Sekunde auf die andere kann die Welt sich anders zeigen. In dem Anderserleben beginnt sich Neues zu zeigen.«

Raum für eigene Gedanken zu Erfahrungen von SHIFT und anderen Muße-Momenten: geschrieben, gezeichnet, gekritzelt, als musikalische Notation etc.

© Florian Tanzer

© Florian Tanzer

© Florian Tanzer

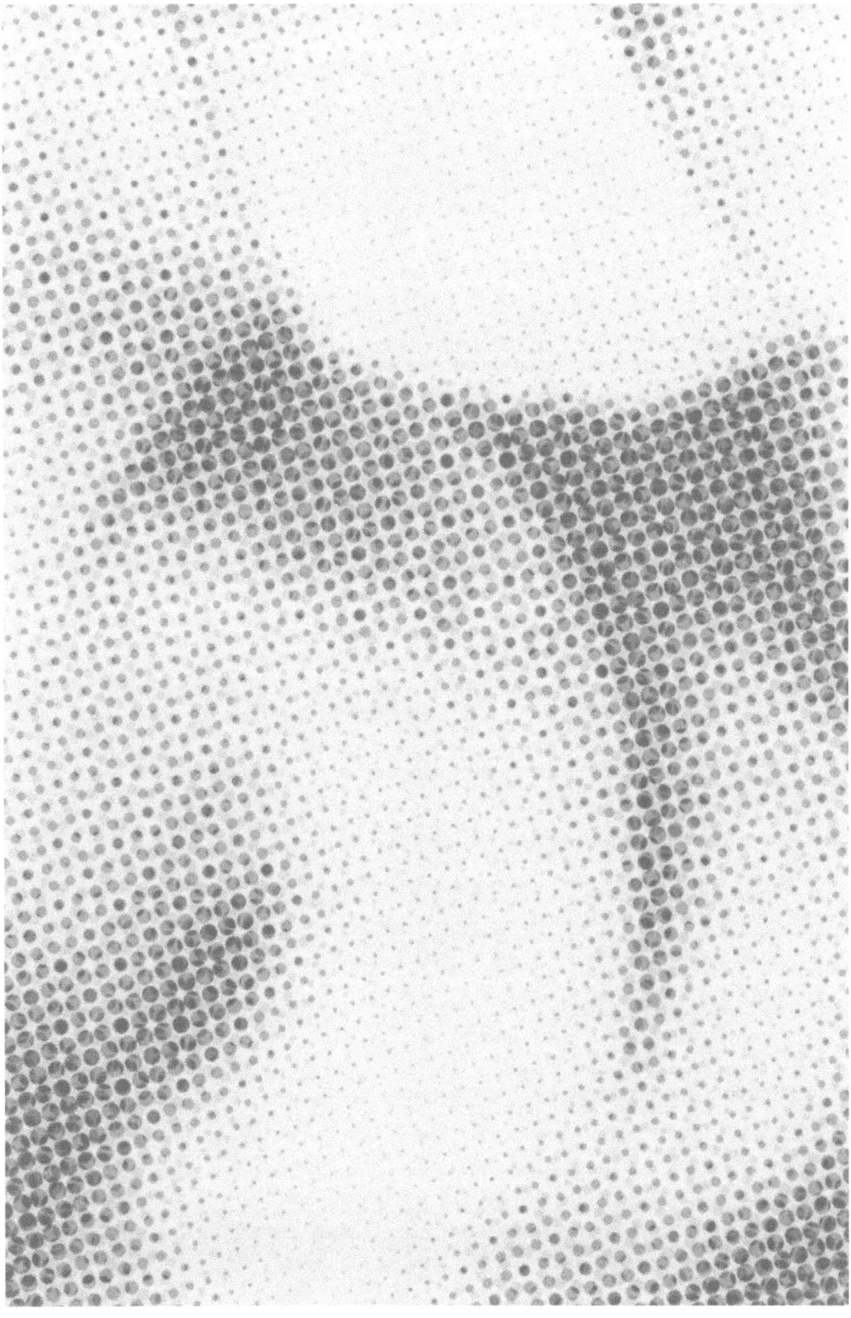

© Florian Tanzer

Mara Mattuschka

Making of. Ein Nachsinnen

Doris Ingrisch (DI): Ich darf herzlich zum Vortrag von Mara Mattuschka begrüßen. Mara Mattuschka ist Malerin, Filmautorin, Theaterautorin und Darstellerin, war Professorin im Bereich Film und Performance in Braunschweig und wurde neben vielen anderen Preisen und Auszeichnungen 2020 mit der »Gloriette«, dem Filmpreis im Bereich innovativer Filme von FC Gloria ausgezeichnet. Sie erlaubt uns heute unter dem Titel »Making of. Ein Nachsinnen« Einblicke in ihr künstlerisches Denken und spricht über ihren wildwüchsigen Zugang zum Film. Ich bin schon sehr gespannt und freue mich auf deinen Beitrag Mara, bitte.

Mara Mattuschka (MM): Wildwuchs ist wichtig. Ich habe nie etwas »richtig« gemacht, aber ich habe mich immer intensiv mit allem beschäftigt. Dieses Nachsinnen kann bis morgen dauern von mir aus, bitte bremst mich. Ich habe kein Zeitgefühl, wenn ich loslege.

DI: Ich werde in angemessener Zeit »hallo« sagen. Ich bin deine Uhr, Mara.

MM: Gut. Ich habe nie Film studiert, aber ich habe schon sehr früh Film gemacht. Meine erste Vorstellung war, ich werde Anthropologin und reise mit der Kamera um die Welt. Ich habe Ethnologie studiert, später Malerei bei Maria Lassnig an der Hochschule für angewandte Kunst und dort mit Trickfilm angefangen. Das war nahe, wie am Anfang des Kinos überhaupt, am Einzelbild. Im Endeffekt ist Film sehr viel Arbeit. Überhaupt, Kunst ist sehr viel Arbeit. Das ist eine intensive Arbeit, aber keine rein rationale oder mechanistische Arbeit. Sie wirft Fragestellungen, wie zum Beispiel, was ist Inspiration, woher kann ich Inspiration holen, auf. Motivation ist immer genug da, weil die Kunst einen reinzieht, also so wie bei den Sopranos, diese US-amerikanische Fernsehserie über eine italo-amerikanische Mafia-Familie. Bei ihnen gibt es diesen Spruch – immer, wenn ich glaube, dass ich draußen bin, ziehen sie mich wieder rein.

In der Kunst gibt es auch so dunkle Begriffe, die mit ihr verbunden sind, wie zum Beispiel Kreativität. Das ist ein sehr umstrittener Begriff, denn er bezieht sich eher auf den Alltag. Kreativ ist man im Alltag. In der Kunst ist man nicht kreativ, in der Kunst muss man schaffen. Eine gute Freundin von mir hat einmal eine Dokumentation über weibliche Kreativität machen wollen, hat mich und andere Frauen, die künstlerisch arbeiten, dazu interviewt, aber von der bekannten Architektin Margarete Schütte-Lihotzky eine Abfuhr bekommen. Als Margarete hörte, dass es im Interview um weibliche Kreativität gehen soll, hat sie sie fast rausgeschmissen. Sinngemäß mit den Worten: Was glauben Sie, wer ich bin? Ich arbeite, ich habe wirklich viel im Kopf. Es ist eine intensive Tätigkeit mit viel Erfahrung und das hat nichts mit einfach so mir nichts dir nichts Kreativität zu tun.

Und trotzdem, weil die Musen ja auch im Titel der Veranstaltung sind, ist es interessant, dass Homer und die griechischen Dichter die Gottheiten anrufen. Oh Muse, erhöre mich, oh Muse, beflügle mich, oh Muse, besinge die Taten Achilles! Im indischen Film werden sie an jedem Anfang in tänzerischer Form angerufen. Das ist eine nahezu kultische Handlung. Und es ist tatsächlich so, dass, bewegen wir uns als Künstler_innen im Bereich der Kunst, früher oder später das Gefühl auftaucht, es handle sich um ein Glaubenssystem. Wir beschwören die Musen, weil es eben nicht um das Rationale geht, nicht um Alltag geht, sondern um einen ganz anderen Bereich im Menschen. Darüber lässt es sich sehr schwer reden, weil jede_r es selber erfahren muss. Es liegt jenseits der Worte. Es ist ein Bereich, der uns so etwas wie Sinn gibt. Man ist in einem besonderen Zustand. Man malt ein Bild und man beschwört dieses Bild, als wäre das eine Gottheit. Im Sinne von – erscheine mir, komm näher, komm näher!

Im Film sind alle Musen vereint. Film ist ein modernes Medium, eines, in dem alle künstlerischen Medien zusammentreffen. Melpomene, Euterpe, Kalliope, die Muse der Liebesdichtung, die Erato, dann Thalia und ich weiß nicht, wie sie alle heißen. Und da gibt es eine wichtige titanische Muse, die nicht eine von den eben genannten neun olympischen Musen ist, die Arche. Sie ist die des Anfangs, des Anfangens. Ja, wenn du einmal anfängst, zieht es dich wieder rein. Und es zieht dich so weit rein, dass du dir ab einem gewissen Moment nicht vorstellen kannst, ohne Kunst leben zu können. Weil das so eine Art des Suchens, ja der Sucht wird. Sucht im Sinne von Suchen. Wenn du unterwegs bist, findest du immer etwas. Nun singe ich aber keine weiteren Oden an die Kunst.

Welche Methoden gibt es und ich spreche natürlich von mir, weil es ja so viele Methoden und Zugänge wie Künstler_innen gibt. Die verschiedensten Techniken und Theorien. Mit Theorien meine ich nicht die von Theoretiker_innen, die über künstlerische Arbeit schreiben, sondern von Künstler_innen selbst. Durch die Praxis ergibt sich ein Wissen zu Hilfswerken, Systemen, Orientierungsmöglichkeiten. Jede_r streckt die Antennen soweit es geht und orientiert sich in der Welt, auf der Suche nach – ja wonach? Nach dem Schönen, nehme ich an. Oder nach dem Besonderen oder nach dem, was einen bewegt. Was aber heißt bewegt? Nehmen wir das Beispiel der Musik, da gibt es eine gewisse Tonabfolge, die eine Melodie ergibt. Zuhörende nehmen diese Melodie wahr, erleben diese Musik in einer minimalen, ständigen Spannung. Warum? Weil wir nach »da, da, dada, da, da, daaaa, da« in Erwartung des Kommenden sind. Meistens wissen wir, was kommt. Wenn dann aber plötzlich eine Tonalitätsänderung oder Disharmonie auftaucht, sind wir überrascht. Das ist ein Moment der Wandlung. Die Erwartungshaltung ist nicht erfüllt. Wir sind aber nicht enttäuscht, sondern überrascht! Das ist, denke ich, im Film ein sehr wichtiger Moment, aber auch in jeder anderen Kunst. Der Moment der Überraschung. Das heißt, der Moment der Wandlung. Etwas wandelt sich in etwas anderes. In der orthodoxen Kirche, auch im Katholizismus, gibt es diese Verwandlung, die Transsubstantiation genannt wird. Das Blut Christi wird in Wein verwandelt, sein Leib in Brot. Etwas passiert, was man als Verwandlung beschreiben kann. Und es gibt viele solche Verwandlungen, die uns vielleicht gar nicht als Verwandlung bewusst sind. Also eine elementare Verwandlung ist »Vorhang auf«. Es eröffnet sich die Bühne, es eröffnet sich eine neue Welt. Man macht die Augen auf – eine Verwandlung. Plötzlich ist die Welt da. Eine klassische Verwandlung ist Kostümwechsel. Man ist jemand anderer. Eine minimale Verwandlung, vielleicht in einer Geste oder in einem Augenwink schafft es, dass sich etwas realisiert. Ganz klassisch sind Verwandlungen natürlich im Horrorfilm, aber diese Verwandlungen sind fast schon zu

hart oder offensichtlich. Mehr reizen uns die minimalen Verwandlungen. Warum? Weil es überraschend ist!

Aber nicht nur die Zuschauer_innen wollen überrascht sein und mit der Handlung, mit dem Bild, mit dem Film tanzen so wie jemand zu einer Melodie tanzt. Tanzen heißt psychisch tanzen. Die Pirouetten sind innerlich, die sind in der Psyche. Wir tanzen nicht wirklich im Kinosaal, außer bei einer klassischen Vorstellung von einem bekannten, zum hundertzwanzigsten Mal gespielten Musical, zu dem die Fans kommen und tatsächlich zum Film tanzen. Nein, das meine ich nicht. Die Psyche bewegt sich. Da gibt es plötzlich ein Aufjauchzen, eine Überraschung, ein »Ha«, jetzt ist etwas Anderes passiert. Was war da? Guck-guck, guck-guck. Wie bei den Kindern. Eine andere Möglichkeit, die uns sofort bewegt, ins Auge springt, ist eine andere Form von Irritation, die sich aus zwei Gegensätzen ergibt, die einander ausschließen, aber gemeinsam in einem Bild vorkommen. Klassisches Beispiel ist der Clown, der von einem riesigen Hammer getroffen wird, doch der Hammer prallt ab, weil er aus Schaumstoff ist. Oder zum Beispiel, wenn eine Person zwiespältige Gefühle hat, ein Lachen und Weinen zur gleichen Zeit. In einem Film von mir kommt diese Szene, wo sich der Darsteller, das ist Luke Baio, mit einem Pelz umschließt, als wäre ihm kalt, aber gleichzeitig wird er vom kühlenden Ventilator angeblasen. Das sind Irritationen, die die Aufmerksamkeit sofort zu fassen vermögen.

Im Endeffekt sind alle Künste für mich EINE Kunst. Natürlich hat jedes Medium Stärken und Schwächen. Die Stärken neutralisieren die Schwächen. Im Theater zum Beispiel hat man die Schauspieler_innen leibhaftig vor sich, der Ton, der aus dem Mund des Schauspielers kommt, landet durch den Raum direkt im Ohr. Das heißt von Körper zu Körper. Also der Ton ist etwas Körperliches. Nicht durch Mikrofone aufgenommen und durch Lautsprecher vermittelt. Und deswegen wirkt Theater auch suggestiv. Für viele wirkt das hypnotisch, viele zieht das an, das zieht sie hinein. Die verschiedenen Medien zu vergleichen, finde ich interessant. Ich war ja auch in verschiedenen Medien intensiv tätig und habe mich sehr damit beschäftigt. Dann ergeben sich Fragen wie: Womit kann ich in einem Bild Geruch darstellen?

Ich gehe davon aus, dass Musik im Sinne von Melodie, von Stimmung, musikalischer Stimmung, von Rhythmus, etwas ist, was allen Künsten eigen ist. Also zum Beispiel eine Farbfläche erfahre ich als Ton, Tonalität, als Grundton. Eine Zeichnung wiederum als Geräusch. Analysieren wir die Tonspur eines Films, gibt es die gesprochene Sprache, die Musik, die Atmo, die Geräusche, die kann man alle auch im Bild, synästhetisch oder nicht synästhetisch, wieder empfinden. Ich denke, dass jede Filmszene oder vielleicht sogar der ganze Film, eine Melodie hat. Wenn er gelungen ist. So als ob etwas zu hören sein könnte, was aber gar nicht im Film selbst da ist, so etwas wie eine atmosphärische Tonalität, die das Ganze umfasst und moduliert. Das ist etwas Imaginäres, ich rede von imaginären Dingen, nicht von tatsächlichen. Das heißt, wenn ich eine Filmszene drehe, habe ich ein bestimmtes Gefühl, wie diese Szene sein soll, zum Beispiel eine traurige Szene. Dieses Gefühl, das diese Szene transportieren will, die Atmosphäre, die Stimmung, die Melodie, in dem Moment, in dem diese Szene gedreht wird, muss ich selber spüren. Nicht nur die Schauspieler_innen, sondern alle am Film Beteiligten. Das ist wie eine Gruppenhypnose. Wenn dieses Gefühl, das eine Szene ausdrücken soll, bis zu den Zuschauer_innen transportiert werden soll, sollte sie auch im Moment des Machens gewahrt werden. In der Kunst geht es hauptsächlich um Gefühle. Obwohl Gefühl schon wieder so ein schwammiger Begriff ist. Nicht die Idee zählt so sehr, nicht die Konstruktion einer Handlung oder nicht so sehr das Narrative, sondern das Gefühl. Das Gefühl transportiert das Anliegen am besten.

Was ist Imitation, was ist Empathie? Schauspieler_innen übernehmen von außen, imitieren, wissen, wie ihr Gesicht agieren muss. Empathie heißt, es von innen zu empfinden. Klassisches Beispiel, die Zitrone. Jemand beißt in die Zitrone. Imitierst du dieses Gesicht oder stellst du dir lieber innerlich vor, dass du in die Zitrone beißt? Dieses Gefühl geht durch den Körper und wirkt authentischer.

In der Traumdeutung der Psychoanalyse können wir Schreckliches geträumt haben,

wie einen Mord zu begehen oder umgebracht zu werden. Wichtig ist dann nicht das, was wir geträumt haben, sondern mit welchem Gefühl. Vielleicht haben wir dabei ein neutrales Gefühl gehabt. Oder wir träumen etwas Alltägliches wie Brot zu schneiden und haben dabei Horrorgefühle. Das ist für den Traumdeuter, für Analytiker_innen von größter Bedeutung. Nicht das Dargestellte, sondern wie es dargestellt wird, welches Gefühl dadurch vermittelt wird.

Meine liebe Professorin Maria Lassnig hat immer gesagt »Nehmen Sie sich keiner Themen an, Sie werden scheitern. Fangen Sie einfach an, irgendwo, die Themen ergeben sich.« Ok, das ist leicht gesagt, weil Film das Produkt vieler Menschen ist. Es gibt in der Kunst aber immer diese Zweiteilung. Wir arbeiten entweder von der Materie zur Idee oder von der Idee zur Materie, also ›bottom up‹ oder ›top down‹. Es gibt von Georges I. Gurdjieff, einem russischen Schriftsteller, Komponisten und Mystiker, das System der aufsteigenden und absteigenden Oktave. Es geht dabei um aus Ganz- und Halbtonschritten bestehende Entwicklungsstufen, deren Intervalle mehr oder weniger Energie benötigen und nicht geradlinig verlaufen. Was also bedeutet ›bottom up‹? Das heißt, man beginnt irgendwo. Man macht einen ersten Strich, daraus ergibt sich der zweite Strich. Man macht weiter. Es ist so, als ob man eine Masse, Ton, Modelliermasse hätte und arbeitet damit, formt sie. Das macht Freude, weil man es mit den Händen angreift, eine Seltenheit heutzutage. Und dann gibt es den Moment, in dem diese amorphe Form eine Gestalt annimmt. Man sieht vielleicht einen Kopf darin oder eine Giraffe. Ab diesem Moment, ab dem man erkannt hat, was das ist, was man bis jetzt gemacht hat, ab diesem Moment beginnt die Oktave, wie Gurdijeff sie beschrieb, sich wieder von oben nach unten zu bewegen. Das heißt man arbeitet dem Werk zu. Das Werk bestimmt, wie es werden will. Du hast eine nicht sehr ausgereifte Kopfform darin gesehen und du beginnst im Sinne dieses Kopfes weiterzuarbeiten. Damit es ein richtiger Kopf wird. Diese Oktave rauf, Oktave runter, dieses Gesetz der Oktave, bewegt sich die ganze Zeit in beiden Richtungen. Für Künstler_innen ist es gut zu wissen, wo in der Oktave sie sich befinden, hinauf oder hinunter. Wobei sich darin irren und in die falsche Richtung zu gleiten, ist nicht so schlimm. Denn Künstler_innen zeichnen sich durch ganz besonders große Frustrationstoleranz aus.

Bei der Arbeit ›bottom up‹ können wir in einen ›flow‹ geraten. Bezeichnenderweise auch beim Schreiben, obwohl das eine eher zerebral gesteuerte Tätigkeit ist. Überraschend, was wir dabei erleben können, z.B. wie ein Charakter wie von alleine entsteht. Ich sprach davon, wie Bilder von alleine entstehen, nicht aus Konzepten, denn sie zeigen dir den Weg. Ein Bild wird so, wie es werden will. Nicht wie ich will, sondern wie es will. Das ist eine Kommunikation. In dem Sinne verschwinde ich ein bisschen als schaffendes Subjekt oder anders formuliert, das Ich verschwindet. Die Konzentration ist offensichtlich so stark auf das gerichtet, was ich mache, dass ich nicht das Gefühl habe, es selbst zu machen. Ich habe das Gefühl, es ist ein Wissen von irgendwoher, wir als Künstler_innen vermitteln es nur. Also bei Charakteren ist es mir öfters, vor allem jetzt, seit ich Theaterstücke schreibe, passiert, dass plötzlich Charaktere erscheinen. Ich weiß nicht, woher sie kommen. Ich fange mehr oder weniger in der Ich-Person, aus der Sicht dieses Charakters, zu schreiben an. Als führte er einen Monolog. Es ist ein automatisches Schreiben über diese Person. Sie beschreibt sich. Was sie gerne trinkt, was sie gerne isst, wo sie gerne hingeht, was sie nicht mag, was sie absolut nicht mag und so weiter. Und irgendwann einmal gibt es einen turning point. Diese Person beginnt von sich aus zu »sprechen«, ohne mein Zutun. Sie führt Phantomgespräche mit Phantompersonen, Personen, die es nicht gibt, in Situationen, die es nicht gibt. Das aber kommt alles im Theaterstück oder im Film noch nicht vor. Das ist sozusagen eine Vorarbeit, ein Vor-Channeln, ein Kanalisieren, durch das sich diese Theater- bzw. Filmfigur manifestiert. Danach braucht es nur ein Hören und Mitschreiben.

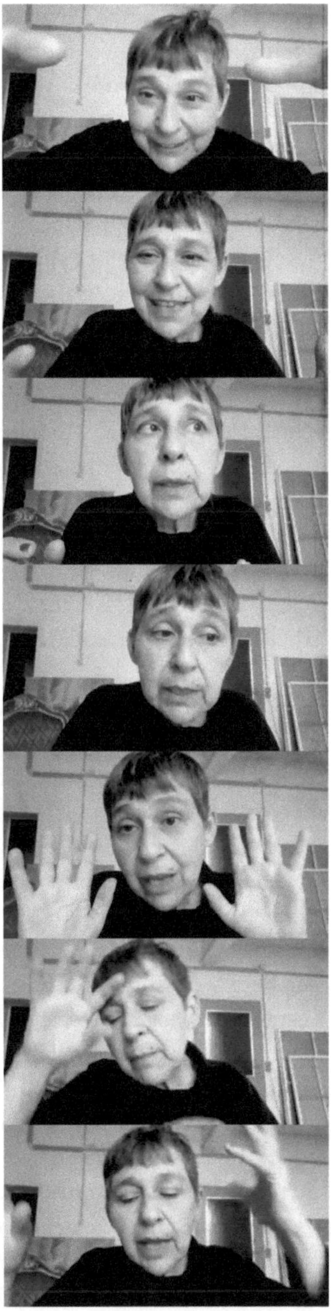

Es gibt Techniken, »magische« Techniken, also da muss man natürlich sehr vorsichtig sein, es so zu nennen, aber mit dem Verständnis, dass Kunst eine Art Magie ist, kann ich das so sagen. Evokation und Invokation können als eine Art von Anrufung der Musen verstanden werden. Evozieren ist etwas nach außen zu bringen, Vorstellungen und Erlebnisse suggestiv durch ein Kunstwerk zu wecken. Invozieren ist etwas in sich hineinzubringen. Invokation ist zum Beispiel, wenn man eine Diva oder einen Straßenjungen darstellen will und in sich den Geist aller Diven dieser Welt ruft oder aller Straßenjungen dieser Welt. Konzentration dient dazu, oder Visualisierungen. Vor kurzem habe ich ein Tutorial von Siri Hustvedt, der amerikanischen Schriftstellerin, angeschaut, in dem sie mit dieser Methode zum Thema Schreiben führt. Wir haben natürlich unsere Erfahrungen, unsere persönliche Geschichte, aber es gibt auch so etwas wie ein kollektives Gedächtnis. Wir sind ein größeres Reservoir als das, was wir persönlich im Leben erlebt haben. Dieses Reservoir speist sich aus Gesprächen mit anderen, Beobachtung von anderen, von Literatur und Film, allem, was wir so in uns hineingesogen haben, was irgendwo im Unterbewusstsein gelandet ist. Das ist ein Material, das ist ein Schlamm, das ist die Modelliermasse. Diese Modelliermasse erzeugt Formen. Aus dieser Modelliermasse ist etwas evozierbar. Geschichten, Charaktere, was auch immer, Szenen. Mein ewiges Motto ist »man weiß mehr, als man denkt«, denn denken ist das eine und wissen ist das andere. Das ist eine Art Wortspiel.

Ich möchte nun zum Thema Zusammenarbeit mit anderen überleiten, schließlich ist Film immer Zusammenarbeit. Wie ich das beobachtete, aus der Arbeit von verschiedenen Filmen und Positionen, als Regieassistentin, Ausstatterin oder Schauspielerin oder was auch immer, gibt es in Sachen Film verschiedene Formen der Zusammenarbeit. Freilich gibt es die hierarchische Struktur, in verschiedenen Sparten, das Kamerateam, das Regieteam, usw. Also ich habe nie das Glück gehabt große Budgets zu haben. Für mich geht es im Alleingang, aber vor allem in der Gruppe, darum, ein Feld zu schaffen. Ein Feld ist eine Sphäre, eine geistige Sphäre, also es geht nicht nur um das Örtliche, sondern um eine geistige Sphäre, die die Menschen anzieht. Warum? Weil sie sich darin verwirklichen können, Dinge erfahren und sehen können. Ein Feld zeichnet sich durch einen Magneten aus. Das ist zumeist das, was man macht. Nicht eine Person. Nicht ich als Regisseurin bin der Magnet, ich bin selber von diesem Magnet angezogen. Dieser Magnet vereint uns alle und schafft eine Atmosphäre, in der vieles möglich ist.

Ich mag es zum Beispiel nicht, lange Vorbesprechungen zu führen. Natürlich muss man mit den Schauspieler_innen extra und auch ausführlich reden, sogar proben oder, sagen wir, die Beleuchter_innen müssen wissen, welches Licht wir brauchen werden, das schon. Das sind pragmatische Besprechungen. Aber ich mache im Vorfeld nicht lange Besprechungen darüber, was der Film aussagen wird oder das, was er ästhetisch bringen soll. Warum? Weil jede_r sich seine_ihre eigenen Vorstellungen macht und dann nicht überrascht ist. Es muss, damit es funktioniert, damit es allen maximal etwas bringt, im Moment passieren. So als wäre es Magie. Magie, die im Moment entsteht. Da braucht es nicht viele Worte. Nur ein Hinschauen – das, das, das, das, das. Meine große Verantwortung als Regisseurin ist es, mit dem Stoff gut vorbereitet zu sein. Das bringt Flexibilität. Kenne ich den Stoff, kann ich die Elemente immer wieder anders konfigurieren. Ein Feld ist ein Erfahrungskonglomerat, in dem vieles passieren kann, weil ich wie auf einer Reise durch ein fremdes Land bin. Vielleicht ist es sogar falsch, am Anfang eines Weges, eines Projektes, zu deutlich zu beschreiben, wohin man geht, was es zu erreichen gibt. Wenn ich es erreiche, ist es nicht mehr überraschend. Wird es nicht erreicht, ist es enttäuschend. Es muss im Moment passieren, damit auch jede_r sich etwas nehmen kann, jede_r etwas in dem Moment entdecken kann, in dem die Magie passiert.

Ich denke, dass jedes Werk, sei es jetzt ein Bild, ein Schriftstück, ein Film, eine Szene, etwas wie ein Lebewesen ist. Gehe ich lediglich von der Konstruktion, vom Konzept aus, entstehen mechanische Werke. Es können sogar A.I.s, Artificial Intelligences sein oder Golems, kraftvolle, von Weisen erschaffene menschenähnliche Wesen, lebendig, wie ich es meine, sind sie nicht. Verstehen Sie meine Sprache als eine annähernde, denn es geht um Dinge, die ich am besten verdeutlichen könnte, wenn wir gemeinsam etwas machen würden. Darüber zu sprechen, ist viel schwieriger. Ein Lebewesen muss nicht perfekt sein. Ein Lebewesen kann vielleicht eine Zahnspange brauchen, aber es ist am Leben. Das passiert, bin ich überzeugt, hauptsächlich

durch den emotionalen Input. Und noch einmal, eine der wichtigen Sachen ist, das Publikum zu überraschen. Das Publikum kann nicht überrascht werden, wenn ich selbst während des Machens nicht überrascht war. Alles, was beim Publikum ankommt, muss während des Tuns erlebt worden sein, sei es Gefühl, sei es Überraschung, sei es Melodie, sei es Stimmung. Das muss schon im Machen vorhanden sein. Ist es nicht im Machen da, landet es nicht, wird es nicht vermittelt.

Wenn man älter wird und weiter Kunst macht, ändern sich die Prämissen. Junge Leute, und so muss es auch sein, sind sehr auf sich bezogen. Sie müssen gesehen werden, müssen sich behaupten, müssen mit ihrer vielen Energie umgehen. Kunst zu machen ist spannend, ist neu, man ist in Euphorie. In den späteren Jahren, Maria Lassnig sagte das gut – »die Gesichtszüge werden härter, aber die Seele wird weicher«, da werden andere Prämissen entdeckt. Erstens Qualität, klar, zweitens witzigerweise eine gewisse Leichtigkeit, Leichtigkeit im Jonglieren, ein leichteres Jonglieren mit den Elementen, weil man schon eine gewisse Erfahrung hat. Es ist ein bisschen so wie bei Jazzmusiker_innen. Jede_r beginnt mit den Noten, mit dem Klavier, Dur oder Moll. Die Trommel wird zunächst eher steif geschlagen. Maler_innen malen in einer bestimmten Art am Anfang, und irgendwann, wenn man seine Tools, seine Instrumente kennen gelernt hat, die gefunden hat, die zu einem passen, beginnt man zu drehen. Die Schlagzeuger_innen drehen ihre Sticks in ihrer bestimmten Art und Weise. Ich habe irgendwann einmal erkannt den Pinsel muss man nicht so halten, sondern ihn vom Gelenk in runden Bewegungen schwingen. Man wird runder in dem, wie man mit den Elementen arbeitet, wie man permutiert. Man kann leichter improvisieren. Die Improvisation ist ein Ergebnis der Erfahrung. In diesem Sinne geht es ab einem Moment nicht so sehr um den Selbstausdruck, wie es früher war, sondern um die Erlösung, die Erlösung des Werkes. Das Werk soll leicht daherkommen, fast wie hingeschmissen. Das lernen wir zuerst mit dem Gehirn, wie zum Beispiel Tanzschritte, die irgendwann einmal ins Unbewusste dringen. Das ist schon wieder eine Bewegung hinauf und hinunter. Doch es kommt nicht nur etwas aus dem Unterbewusstsein heraus, sondern es geht auch etwas ins Unterbewusste hinein. Das habe ich dann zur Verfügung.

Und trotzdem stehe ich bei jedem Werk wieder bei null, es ist immer wieder diese weiße Leinwand. Und das ist gut so, weil es eine großartige Gelegenheit ist, es anders anzugehen. Die Prämissen zu ändern. Sich vielleicht neu erfinden, wenn wir es so hochgestochen sagen wollen. Es macht wenig Sinn, und das ist meine griechisch stoische Ader, die schlechten oder die guten Erfahrungen der Vergangenheit auf das Heute zu übertragen. Man muss immer wieder neu beginnen. Vielleicht hat man Pech gehabt, vielleicht haben Dinge nicht gut funktioniert, das macht überhaupt nichts. Man ist jeden Moment frisch und neu der Situation ausgeliefert. Es geht darum, die Augen aufzumachen. Lassnig hat gesagt »Schauen Sie genau hin, aber machen Sie die Augen zu«. Das ist eben dieser Moment, wo man das dritte Auge aktiviert, und das kann Divination genannt werden. Es ist als sähe ich in eine Kristallkugel. Mit Alphawellen sind viele Probleme lösbar. Ich kann damit Bilder evozieren. Sagen wir, im Drehbuch oder im Film stecken Probleme, die sich dann wie von alleine auflösen, weil ich plötzlich einen passenden Gedanken habe.

Das Erfrischende bei der Kunst ist, dass, auch wenn ich eine Zeit lang nicht gearbeitet habe, in dieser Zeit trotzdem weiter gelernt habe. Das ist mir zum ersten Mal bei der Malerei aufgefallen. Ich male täglich, wenn jetzt kein Film oder kein Theater am Machen ist. Dann muss ich mir die Malerei sogar verbieten, damit ich mich der einen Sache widmen kann. Beides gleichzeitig funktioniert nicht. Und ich stelle fest, nach einem Dreh von ein oder zwei Monaten brauche ich einen Tag, um wieder in die Malerei reinzukommen. Aber dann erfahre ich, ich habe doch etwas gelernt. Wie ist das passiert? Wenn ich mich intensiv mit etwas beschäftige, arbeitet es im Unbewussten weiter, wir lernen dazu. Manchmal sind Pausen im Sinne des Lernprozesses sehr gut.

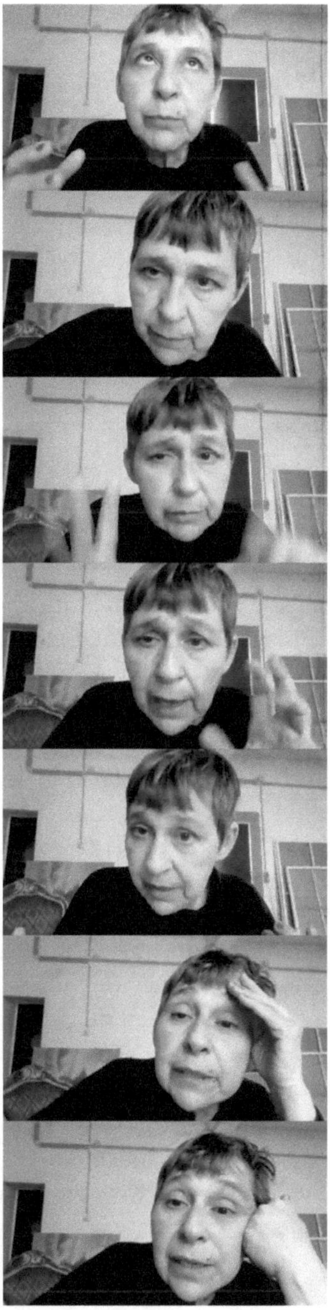

DI: Nun darf ich mich ganz herzlich für das Nachsinnen bis zu diesem Punkt bedanken. Danke! Für mich war es ein innerer Tanz.

MM: Danke! Ja, die Seele tanzt und der Geist.

DI: Mir kamen bei deinem Sprechen, bei den Stellen des schwer in Sprache zu Fassenden, immer wieder die Mechanismen der Quantenphysik in den Sinn. Da ist auch von Feldern und vielem anderen die Rede, die uns eine Basis bieten zu verstehen, was heute vielfach immer noch als Zauber erscheint. Aber, um das Gespräch nun zu öffnen, gleich ganz konkret, wie schaffst du es, Geruch ins Bild zu bringen?

MM: Das ist schwierig, ganz schwierig. Farben erzeugen Assoziation. Ich beschäftigte mich früher mit der Symbolik der Farben und mit der Semantik. Ich wollte eine Arbeit zu diesem Thema schreiben, habe aber keine Betreuung für dieses wirklich sperrige Gebiet der Semantik der Farben gefunden. Eine Möglichkeit ist, auf gewisse Zonen aufmerksam zu machen. Farbe ist keine Eigenschaft der Materie, Farbe ist eine Strahlung. Deswegen ist es etwas Virtuelles, mit der Psyche Korrespondierendes.

Publikumsfrage: Du hast so wunderbar und nachvollziehbar über deine Schaffenskraft und deine Lust am künstlerischen Schaffen gesprochen. Deine früheren Arbeiten an der Angewandten, in der Maria Lassnig Klasse, entstanden aus einer ganz anderen Situation als jene, wie du sie heute hast. Du bringst 90-Minuten Spielfilme ins Kino. Diese Entwicklung muss viele Schritte erfordert haben. Hut ab. Das wollte ich sagen.

MM: Danke! In der Corona-Zeit habe ich zwei Drehbücher gebastelt. Diese totale Zentrierung auf einen Stoff, darauf, ob ich das Geld kriege oder nicht, also dieser Druck ist ziemlich weg, muss ich sagen. Ich habe so viele Absagen in meinem Leben bekommen, zum Glück auch ein paar Zusagen. Ich leide nicht, wenn es eine Absage ist, wie früher. Irgendwie habe ich das Gefühl, das Hauptwerk ist irgendwie das gesamte Lebenswerk. Meistens ist es auch so, dass aus einer Vorgeschichte der Samen resultiert, der in einer anderen Geschichte Wurzeln treibt. Also es ist so etwas wie ein Prozess. Vielleicht ist wirklich das Leben mit allen Momenten, Potenz und Latenz, das Hauptwerk.

Publikumsfrage: Könnten Sie noch etwas zur erhöhten Frustrationstoleranz bei Künstler_innen sagen?

MM: Es gibt kein Scheitern! Das ist eigentlich das Fazit. Man probiert, Gewisses gelingt nicht. Vielleicht ist die Zeit nicht reif dafür. Ganz pragmatisch: ich setzte Zwiebel von Tulpen in die Erde, nicht jede wird sich entwickeln. Wenn es aber eine tut, dann gieße ich sie intensiv. Vor allem im Bereich Film und Theater, in dem man auch auf andere Menschen angewiesen ist und auf Gelder, muss man mit Niederlagen wirklich leger umgehen. Wenn eine Tulpe nicht wachsen will, muss das zur Kenntnis genommen werden. Vielleicht realisiert sie sich später. Diese Tulpen bleiben nicht vergessen, sie sind immer noch in der Erde und vielleicht kommt ein Moment, wo eine Tulpe, die ich vor Jahren gesetzt habe, bereit ist zu wachsen. Wenn am Set etwas nicht funktionieren will, muss man nicht auf etwas beharren. Je besser ich meinen Stoff kenne, desto leichter lässt sich aus der unsichtbaren Substanz, die er hat, etwas improvisieren. Manchmal stellt sich heraus, dass es ohnehin die bessere Lösung ist.

DI: Das sind wesentliche Impulse, die sich Künstler_innen-Kolleg_innen mit in ihre Zukunft, ihre Karrieren nehmen können. Denn oft heißt es ja, dass Künstler_innen viel an sich zweifeln. Wie Du es schilderst, Mara, gibt es bei dir gar keine Selbstzweifel?

MM: Eigentlich nicht, nein.

DI: Sondern unendlich viel Vertrauen, in dich, in die Prozesse, und, ich habe das Gefühl, auch in das Leben. Im Sinne von – es wird schon stimmen, es wird schon richtig sein …

MM: Ja. Ich weiß auch gar nicht, woher ich das habe, ich zweifle wirklich nicht an mir selbst. Aber ich beweihräuchere mich auch nicht. Es liegt eben daran, dass ich ständig etwas entdecke. Öfter fühle ich mich wie ein Alien. Ich fühle mich wie von einem anderen Planeten. Teilweise kann ich das bewusst herbeirufen. Ich beobachte, was andere machen, was sie denken, was diese Menschen treiben. Irgendwie fange ich dann an, sie zu lieben, indem ich sie beobachte. Der Mensch ist ein komisches Wesen. Zerrissen zwischen höheren Motiven, etwas Großartiges schaffen zu wollen, und dann aber auch niedrigen Motiven, auch etwas dabei verdienen oder berühmt werden zu wollen. Die menschliche Gesellschaft ist wirklich ein komisches Phänomen. Der Blick des Aliens ist immer bereichernd. Es ist dann möglich, sich in gewissem Sinne von sämtlichen Prägungen zu lösen. Das ist eine Kulturtechnik. Als Alien sehe ich die Gravitation. Alles steht auf dem Boden oder hängt an der Wand. Und irgendwelche technischen Geräte sind mittels länglicher Dinge in der Wand verbunden und brummen vor sich hin. Mit diesem Blick begehe ich Drehorte. Was ist das? Eine andere Technik ist die Libellentechnik, wie ich sie nenne. Ich fliege, als wäre ich eine Libelle und beobachte alles von allen Winkeln, von unten, von oben, von der Seite. So, als wäre ich jetzt kein Mensch. Deswegen mache ich auch keine Storyboards, sie sind mir zu klischeehaft. Mit dem Libellenauge sehe ich, wo die Menschen, wo die Spannungslinien sind. Solche Alienations-Techniken, mit anderen Augen auf das Geschehen zu schauen, sind sehr wichtig für mich. Ich sage nicht, alle sollen sich das Libellenauge zu eigen machen. Jede_r Künstler_in erarbeitet sich im Lauf der Zeit eigene Methoden. Es geht darum, eine neue Sicht zu bekommen.

Und um nun abzuschließen – ganz wichtig ist auch die Künstler_innen-Solidarität. Mit Ideen oder geistigem Eigentum zu geizen, ist nicht im Sinne der Erfindenden. Ideen haben wir zu meinen Zeiten in der Akademie der bildenden Künste für einen Schilling, heute wären das 0,07 Euro, verkauft. Hatten wir eine Idee, die einer_m Kolleg_in nutzen konnte, verkauften wir sie, damit war dann die Copyright-Frage geklärt. Und ja, wir müssen miteinander arbeiten. Wir haben dieses unglaubliche Privileg, dieses Geschenk, dass wir uns zur gleichen Zeit am gleichen Ort befinden. Kunst ist etwas Intimes. Künstler_innen sind so. Nackt nebeneinander. Wir sollten keine Hemmung haben, Barrieren müssen unter Künstler_innen fallen. Warum? Wir helfen uns selber damit. Wir leben zur gleichen Zeit auf diesem Planeten, Gott weiß wie lange. Auch in den Märchen erlösen Geschwister einander gegenseitig. Hänsel hilft Gretel, Gretel hilft Hänsel, die Schwester erlöst die sieben Schwäne, das sind Geschwister, die einander erlösen. Das ist auch wichtig in Sachen Kritik. Wenn Kritik von einer Autorität herkommt, müssen wir aufpassen.

DI: Mara, ganz herzlichen Dank für dieses Gespräch, für alle Einblicke, die du uns gegeben hast und diese unglaubliche Fülle an Inspiration, die wir mitnehmen dürfen.

MM: Danke! Hat Spaß gemacht.

Bildnachweis

Stills aus dem Vortrag von Mara Mattuschka am 29.4.2021, zusammengestellt und aufbereitet von Florian Tanzer

Gabriele Wappel

Über Pflicht und Muße und die Rettung des Montags

Der künstlerische Motor meiner Arbeit ist das wahrzunehmen, was da ist und mich dann zu fragen, was daran mich interessiert. Als Darstellerin sowie auch als Regisseurin suche ich, wenn wir gemeinsam improvisieren, bei allen Mitwirkenden nach diesem Interesse. Viele unserer Stücke entstehen in einem Improvisationsprozess und werden von uns allen geschaffen. Denn darauf kann ich mich letztendlich verlassen. Wenn es mich nicht interessiert, wieso soll es beim Publikum Begeisterung hervorrufen? Das Interesse ist der Beginn von allem.

In diesem Sinne hat mich die Montagsmentalität interessiert. Es gibt eine bestimmte Montagsmentalität, die uns am Beginn jeder Arbeits- und Schulwoche dröhnende Lieder und Sprüche entgegenwirft, die uns ermutigen sollen, uns gut gelaunt dem tragischen Schicksal des Montagmorgens zu stellen. Da tauchte für mich die Frage auf, wann wir denn mit dem zufrieden sind, was kommt – sei es ein Montag, ein Dienstag. ein Freitag, Samstag oder Sonntag. In welcher Beziehung steht die Montagsmentalität mit dem Begriff Work-Life-Balance? Ein Begriff, der ein paradoxes Unbehagen in mir erschafft. Was heißt Work-Life-Balance? Schließen Work und Life einander aus? Heißt das, ich arbeite nur, wenn ich nicht lebe oder ich lebe nicht, wenn ich arbeite? Denn letztlich ist der Montag ein Siebtel meines Lebens. Auch Ihres Lebens! Gehe ich davon aus, dass ich als Frau der Statistik Austria entsprechend ungefähr 84 Jahre alt werde, mit der Corona-Pandemie ist die Lebenserwartung auf 83,7 gesunken, dann sind das 4383 Montage, die ich potentiell erleben könnte. Das sind 12 Jahre meines Lebens! Dass der Montag kommt, ist so fix wie der Tod. Wenn wir uns den Montag und damit den Beginn der Arbeits-/Schulwoche zum Feind machen, was bleibt uns dann noch? Ist es der Schlaf, wo Sie nichts müssen? Weihnachten? Viele müssen ja auch noch etwas im Schlaf, wie z.B. Sprachen lernen. Menschen mit vielen Aufgaben bzw. Menschen in hohen Machtpositionen leisten sich mitunter nur wenig Schlaf. Ein Ausflug ins Tierreich wiederum zeigt, dass ein Löwe 18–20 Stunden pro Tag schläft. Da wird nicht immer nur gejagt. Das alles beschäftigte mich. Auch Bienen, die fleißigen, wie es heißt, sammeln nicht unendlich Pollen. Da besteht keine Gefahr für ein Burnout bzw. Brownout, ein Gefühl der Sinnlosigkeit der eigenen Tätigkeit gegenüber, oder Boreout, der Langeweile in der Arbeit, bis hin zu karoshi, dem

Tod durch Überarbeitung. Aus all diesen hier kurz skizzierten Überlegungen wurde das Stück »Montag«.

Wir arbeiten mit Materialien, die in Workshops in Schulen während des Entstehungsprozesses des Stückes erstellt wurden. Das ist eine Arbeitsweise von *schallundrauch agency*, die ich gemeinsam mit Janina Sollmann entwickelt habe, in der wir uns vorab mit unserem zukünftigen Publikum, junge Menschen in der jeweiligen Altersgruppe, in der das Stück angesiedelt ist, treffen und uns mit ihnen auseinandersetzen. Wir treten mit ihnen in einen Dialog, erzählen, was uns beschäftigt, fragen, was sie beschäftigt, improvisieren mit ihnen, tanzen, machen Musik, beraten sie beim Entwickeln kleiner Szenen, laden sie zu Proben ein, um uns Feedback zu geben. So auch sammelten wir Assoziationen zum Montag.

Da kamen Aussagen wie »Tag der grauen Gefühle«, »trauriger Tag« oder auch »da kann ich meine Freunde endlich wieder treffen«. Wir fragten: Was stellst du dir für deine zukünftige Arbeit vor? Eine Antwort war »Geld als Belohnung«, eine andere »Man kann dort machen, was man will«. Wir fragten auch, was sie sich für den Montag wünschten und entwickelten daraus eine kleine Ballettetüde, zu der wir Antworten vortragen. »Keine Lehrerin in der Klasse sondern nur eine To-do Liste«, »Späterer Schulbeginn«, oder auch »Alles soll so bleiben, wie es ist«. Wir beziehen die vom Publikum geäußerten Wünsche dann jeweils ins Schlusslied mit ein, denn schon im Foyer hat jede_r die Möglichkeit, einen Wunsch an den künftigen Montag zu richten.

Wir von *schallundrauch* hatten das Bedürfnis, den Montag zu retten, etwas zu tun, dass der Montag freudiger erlebbar, annehmbarer für die Menschheit wird. Damit kamen wir freilich an die Grenzen unserer Wirksamkeit, denn letztlich ist jede_r selbstverantwortlich für ihren_seinen Montag. Wir werden uns nicht einigen können, was der bestmöglichste Montag für alle sein könnte.

»Ich wünsche mir für den Montag ein weiches Ei mit Butterbrot«, »Schönes Aufwachen«, »Nur Lieblingsfächer in der Schule, z.B. Sport, Werken und Zeichnen«. »Ich wünsche mir für den Montag fun und ein Geschenk«, »Ich wünsche mir Sonnenschein und nie wieder zu arbeiten«, »Alle Zeit der Welt und einen Waldspaziergang«, »Dass der Montag zu einem Wochenende wird und alles gratis ist«, »Kein Latein und dass jeden Montag ein Rapper kommt«, »Frische Blumen ans Bett«.

Ich selbst wünsche mir Gleichberechtigung, ich wünsche mir, dass wir feiern können, aber nicht müssen. Dass wir uns nicht selbst überwinden müssen, dass wir nicht wollen müssen, und dies mit einem Lächeln im Gesicht. Dass wir nicht immer positiv denken müssen, denn auch das nervt.

Abb. 1: Pressefoto »Montag« © Theresa Pewal

»Montag« Eine Performance über Pflicht und Muße
Performance mit Live-Musik, 55 Min.

Fleißig wie eine Biene, gut gelaunt und aus dem Bett gesprungen, singend geduscht, Frühstück genossen, Blumen gegossen. Montagmorgen. MMMMMMontag. Moment – Bienen machen meistens tatsächlich nichts, haben Forscher entdeckt. Sind genug Vorräte da, hocken sie einfach nur rum. Bekommen die dann kein Bore-out? Oder lernen sie im Schlaf ein paar Fremdsprachen? Einstein soll auch sehr viel geschlafen haben. Aber ich? Vielleicht ist meine School-Life-Balance aus dem Gleichgewicht geraten? Verrutscht. Schief. Vielleicht stehe ich vor einem Burn-out, ohne es bemerkt zu haben?

Wir müssen jetzt Muße. Wir müssen Pflicht. Wir sollen wollen. Denn schließlich soll aus uns was werden. Was eigentlich?

Die schallundrauch agency macht sich auf die Suche nach Montagsmythen von fleißigen Bienen, faulen Hunden und noch fauleren Löwen, träumt heimliche Träume, singt, tanzt und erzählt von Kraft und Erschöpfung, von Pflicht und Muße, vom Müssen, Können, Dürfen und Wollen.

»Verschiebe nicht auf morgen, was genauso gut auf übermorgen verschoben werden kann.« Mark Twain

Nominiert für den STELLA20 – Darstellender.Kunst.Preis für junges Publikum in den Kategorien »herausragende Produktion für Kinder« und »herausragende Musik«.«

Abb. 2–5: Szenenbilder aus der Performance »Montag« © Amélie Chapalain

Iris ter Schiphorst

Werde Komponistin ?!?[1]

Über Berufe, Rufe, Anrufungen und andere Rituale

Anstelle eines Vorworts

Dieser Text bezieht sich auf die Situation von Komponist*innen im akademisch-bürgerlichen Milieu des deutschsprachigen Raums (Deutschland, Österreich, Schweiz), in dem die sogenannte künstlerische Freiheit im Gegensatz zu vielen anderen Weltregionen als ein verankertes Recht[2] festgeschrieben ist und die Studiengebühren von Musikhochschulen oder -universitäten im Vergleich eher niedrig sind. Zudem existiert hier eine mehr oder weniger großzügige finanzielle Kulturförderung für Kulturschaffende, zumindest für diejenigen, die über die Staatsangehörigkeit eines EU-Landes oder ein permanentes Aufenthaltsrecht innerhalb der EU verfügen.

Ich bin mir bewusst, dass Geschlechtervielfalt existiert und unbedingt zu berücksichtigen ist. Gleichzeitig erfahre ich aber auch die Realität als Komponistin in einer binären, an Stereotypen orientierten Logik. Tatsache ist: Die zweigeschlechtlichen Wirklichkeiten im Feld der akademischen bürgerlichen Musik, von der hier vornehmlich die Rede sein wird, sind nach wie vor sehr wirkmächtig und überdies asymmetrisch strukturiert, zu Ungunsten von Komponistinnen. Sprachlich vor dieses Dilemma gestellt, habe ich mich im Folgenden dafür entschieden, aus dieser binären Logik zu schreiben, um Komponistinnen, die eine Minorität im Berufsfeld Komposition darstellen, sichtbar zu machen und auf ihre herausfordernden Wirklichkeiten und beruflichen Rahmenbedingungen hinzuweisen.

Mein Beitrag ist in sechs Abschnitte unterteilt: Im ersten gehe ich der Frage nach, wie Sie in unserer Gesellschaft Komponistin werden, eine Frage, die nicht so trivial ist, wie es auf den ersten Blick scheint. Anschließend folgen Überlegungen zur Wirkmächtigkeit des Begriffspaares Komponist und Komponistin. In einem weiteren Schritt stelle ich beispielhaft zwei Initiativen zur Förderung von Komponistinnen und Diversität im Musikbereich vor, streife im Anschluss einige Mechanismen des neoliberalen Kunstmarkts samt seiner Verwertungs-logiken, um abschließend noch einmal zur Ausgangsfrage zurückzukehren: »Werde Komponistin?!?«

Einleitung

Ich möchte mit einer Warnung beginnen: im Folgenden wird hauptsächlich vom ›Müssen‹ die Rede sein. Nicht etwa, weil ich mich für die Muße (und das, was man alles darunter verstehen könnte) nicht interessiere – im Gegenteil! –, sondern weil ich der Meinung bin, dass es im heutigen schnelllebigen, auf Wachstum orientierten Musikmarkt kaum möglich ist, der Muße – verstanden als Zeit-Reservoir, als eine von der Verwertung oder ›Selbst-Vermarktung‹ abgekoppelte Eigen-Zeit – Raum zu geben. Mit anderen Worten: um die Muße von Komponist*innen ist es zumeist nicht gut bestellt. Und um die Muße von Komponistinnen noch schlechter, wie sich zeigen wird; nicht nur durch die nach wie vor ungleiche Aufteilung der Zeit- und Geldressourcen zwischen den Geschlechtern, sondern auch durch unterschiedliche »Anrufungen«, Erwartungshaltungen etc. Davon wird im Folgenden die Rede sein. Unter diesen Vorzeichen werden vielleicht die beiden Fragezeichen in der Überschrift verständlicher, im Sinne von: »Werde Komponistin?!? – ja wirklich? Wissen Sie eigentlich, auf was Sie sich da einlassen?« Beginnen wir also mit der Frage:

I *Wie* werden Sie Komponistin?

Vorschnell ließe sich antworten: Durch bestimmte Rituale, die unsere Gesellschaft auserkoren hat, um diese Berufsbezeichnung annehmen zu dürfen. Sie wird verliehen durch Institutionen wie Musikhochschulen oder Musik-Universitäten, in die Sie zunächst erst einmal ›aufgenommen‹ werden müssen, innerhalb derer Sie im Fortgang den Nachweis der Lernfähigkeit und die ›Fortschritte‹ unter Beweis zu stellen haben (in Form von Zwischenprüfungen, Klausuren, Vorspielen, Konzerten etc.) und die, sofern die durch Curricula festgeschriebenen Inhalte zur institutionellen Zufriedenheit absolviert wurden, Ihnen am Ende einen akademischen Grad verleihen: einen Magister Artium oder Master Komposition o.Ä., dem in etwa zu entnehmen ist, dass Sie den gängigen Kanon[3] der Musik beherrschen, ihn kreativ zu überschreiben vermögen und auf dieser Grundlage Neues zu entwickeln imstande sind. Nach erfolgreichem Abschluss des Kompositionsstudiums sind Sie also eine zertifizierte Komponistin. Allerdings stellt unsere Gesellschaft anschließend keinen ›richtigen‹ Beruf für Sie bereit, das heißt, es wartet nirgendwo eine Stelle als Komponistin auf Sie. Es gibt sie einfach nicht. Sie werden also niemals staatlich angestellte Komponistin des Kanzleramtes oder einer Kirchenverwaltung … Sie lachen? Vergessen Sie nicht: Historisch betrachtet waren Komponisten (und zwar ausschließlich Männer!) zumeist Angestellte und standen in Diensten von Fürsten, Grafen, der Kirche, sogar des Kaisers. Erst mit der Ausdifferenzierung der Gesellschaft hat sich diese Situation grundsätzlich verändert. Erst seitdem gibt es die, nennen wir sie ›Künstler-Komponist*innen‹, die als freie Subjekte quasi rein intrinsisch arbeiten und auf Aufträge, Unterstützung, Förderung und Aufführungen hoffen. Das heißt, trotz des langen und kostspieligen Studiums werden Sie aller Wahrscheinlichkeit nach freischaffend bleiben und sich auf dem freien Markt behaupten müssen. Ob und wie Sie sich da durchsetzen werden, hängt von vielen Faktoren ab. Wenn Sie z.B. das Glück hatten, bei einem oder einer berühmten Komponist*in studiert zu haben, kann Ihnen dies immerhin eine gewisse Aufmerksamkeit in jenem Musik-Netzwerk bieten, das für Sie beruflich wahrscheinlich entscheidend sein wird, und damit im besten Fall Stipendien, erste Aufträge und Aufführungen bescheren.

Übrigens ist Komponieren keine geschützte Tätigkeit und Komponist*in[4] kein geschützter Beruf, das heißt, jede und jeder kann sich Komponistin, Komponist oder Komponist*in nennen, was die Konkurrenz nicht unbedingt kleiner macht.

Mit an Sicherheit grenzender Wahrscheinlichkeit brauchen Sie den Nachweis, ein Kompositions-Studium erfolgreich durchlaufen zu haben, für jene Profession, die den Neben- oder auch Haupterwerb erfolgreicher Komponist*innen ausmacht: die Professur. Doch soll an dieser Stelle von dieser einträglichen Möglichkeit, mit dem erlernten Wissen Geld zu verdienen – und damit *auch* einen Freiraum zum von Aufträgen unabhängigen Komponieren zu haben – nicht die Rede sein; nicht zuletzt auch darum, weil – statistisch gesehen – diese Möglichkeit für ausgebildete Komponistinnen nach wie vor marginal ist und somit diese Profession für kaum eine von Ihnen in Betracht kommen wird. Zwar ist es grundsätzlich auch für Komponisten schwierig, Professor zu werden, schlicht, weil es zu wenig Professuren gibt. Allerdings zeigt ein Blick auf die einschlägigen Hochschulen in Deutschland, Österreich und der Schweiz, dass das Geschlechterverhältnis in diesem Beruf noch immer extrem ungleich verteilt ist, zu Ungunsten der Komponistinnen[5].

Kurzum: Ihre aufwändige Kompositions-Ausbildung mitsamt dem zugehörigen Abschluss macht Sie also noch längst nicht zur Komponistin im sozialen

Sinne, garantiert Ihnen nicht automatisch eine soziale Existenz. Darum noch einmal die Frage: Wie werden sie denn nun eine ›richtige‹ Komponistin?

Die einfache Antwort: durch Aufführungen. Selbstverständlich sind innerhalb Ihres Kompositionsstudiums hochschulinterne Aufführungen vorgesehen. Sollten Ihre Werke jedoch niemals den hochschulinternen Rahmen verlassen, niemals außerhalb der Hochschule bzw. Universität aufgeführt werden, sind Sie auch nicht Komponistin im sozialen Sinn, sondern ›nur‹ eine studierte Komponistin. Noch einmal: Komponistin werden Sie durch Aufführungen; durch Aufführungen und Zuhörer*innen. Und eine berühmte Komponistin werden Sie durch Aufführungen an den von einer Gesellschaft bereitgestellten berühmten, einschlägigen Aufführungsorten wie Konzerthäuser, Philharmonien, Festivals etc. Sie können noch so gut und viel komponieren, ohne entsprechende Öffentlichkeit, ohne Zuhörer*innen, ohne Fachpublikum, ohne, dass über Sie gesprochen und geschrieben wird, sind Sie keine ›richtige‹ Komponistin, das heißt, Sie haben als Komponistin keine soziale Existenz. Wenn Sie sich nun vor Augen halten, dass statistisch gesehen – immer noch – signifikant weniger Werke von Komponistinnen aufgeführt werden als von der Anzahl der studierten Komponistinnen her plausibel, müsste Ihnen bewusst werden, dass hier ein Fehler im System vorliegt, dass hier grundsätzlich etwas schiefläuft.[6] Zwar hat sich in den letzten Jahren, vor allem dank entsprechender Initiativen, die Situation etwas verbessert, doch ist das Musiksystem, oder sollte man besser sagen ›der Musikmarkt‹ von einer Gleichstellung noch weit entfernt. Das heißt: Noch immer wird viel zu vielen Komponistinnen jene Form von Öffentlichkeit – und somit eine soziale Existenz, die Möglichkeit von ihren Kompositionen zu leben, damit Geld zu verdienen – vorenthalten. Warum?

II »Nur« Komponistin? Zur Krux der Silbe »in«

Nach Judith Butler wird das Subjekt zuallererst durch »Anrufungen« konstruiert[7] (vgl. Butler 1991). Dabei kommt der Sprache die entscheidende Bedeutung für die Subjektbildung zu. Erst durch Anrufung formiert sich das Subjekt in einem performativen Akt. Berühmtes Beispiel: »Es ist ein Mädchen«. Durch diesen performativen Sprechakt wird Wirklichkeit erzeugt, d.h. dem Baby gleich zu Beginn eine Geschlechtsidentität zugeschrieben und damit festgelegt, wie es sich zukünftig zu verhalten und was es zu wollen und zu können hat. In diesem Sinne gibt es keine neutrale Sprache, Beschreibung oder Zuschreibung. Ein Begriff wie Komponist ist eine soziale Setzung, der beschreibt, was er zugleich hervorbringt.

Das Gleiche gilt für den Begriff Komponistin. Die Begriffe Komponist und Komponistin rufen jedoch Unterschiedliches an. Lassen Sie mich zur Verdeutlichung dieses Gedankens kurz etwas ausholen. Verschiedene Experimente haben gezeigt, dass bei einem Wortstimulus wie Arzt – unabhängig vom eigenen Geschlecht – prototypisch zuallererst an einen Mann gedacht wird. Das Gleiche gilt für das Wort Komponist. Das heißt, der komponierende Mann gilt als Regelfall und wird im Wort Komponist stillschweigend vorausgesetzt. Ganz anders verhält es sich mit dem Wortstimulus Komponistin. Durch die angehängte Silbe »in« wird offensichtlich und mit aller Deutlichkeit auch und besonders auf das weibliche Geschlecht verwiesen – und nicht nur auf die Profession. Und da diese Profession dem allgemeinen Verständnis nach prototypisch – immer noch – eher als eine männliche gilt, ist eine Komponistin im allgemeinen Verständnis – immer noch – eher etwas Ungewöhnliches. Der Begriff Komponistin ist somit doppeldeutig. Er ruft zwei Botschaften auf, das weibliche Geschlecht und die männliche Profession Komponist[8]. Historisch betrachtet: ein Double-bind, eine Doppelbotschaft und damit eine Kommunikationsfalle. Denn durch die Silbe »in« wird unbewusst auch jene Flut von abstrusen Vorstellungen und Zuschreibungen ausgelöst, die diese beiden Begriffe Frau und Komponieren von jeher koppeln. Zuschreibungen, die seit Jahrhunderten die herrschende Geschichte der Musik durchziehen und – je nach Wissensstand der Gesellschaft – mal biologisch, mal ethisch, mal religiös, mal psychologisch ›begründen‹, warum Frauen nicht komponieren können, dürfen, sollen. Zuschreibungen, die eines gemeinsam haben: Sie zielen auf das Geschlecht Frau ab und darauf, diesem Geschlecht bestimmte Fähigkeiten abzusprechen, es minderwertig zu machen. Zwar unterliegen auch Begriffe einem Wandel und mittlerweile ruft der Begriff Komponistin ganz andere Vorstellungen auf als etwa noch vor 100 Jahren. Dennoch müssen wir uns klarmachen: Noch vor ca. 40 Jahren existierte so gut wie keine Literatur über Komponistinnen, war – und ist – die herrschende Musikgeschichte mehr oder weniger ausschließlich eine Komponisten-Geschichte, eine Narration über geniale männliche Schöpfer, die ihren Stab von Generation zu Generation an auserwählte ›Ziehsöhne‹ weiterreichten und auf diese Weise die Genealogie der Musik voranbrachten.

III Von Leerstellen und Marktgesetzen

Seit einiger Zeit machen vermehrt Initiativen von sich reden, die der Ungleichbehandlung im zeitgenössischen akademischen Musikbetrieb und der Benachteiligung von Komponistinnen entgegenwirken wollen. Zwei Initiativen, die in den letzten Jahren für Aufmerksamkeit gesorgt haben, sollen an dieser Stelle kurz vorgestellt werden.

Zunächst das »Keychange-Projekt«[9], eine internationale Initiative, die sich für mehr Gender-Gerechtigkeit in der Musikindustrie einsetzt. 2011 von britischen Komponistinnen und Musikerinnen initiiert und 2017 von Vanessa Reed in die britische PRS Foundation überführt (Reed/Fleming 2017), um gegen die Unterrepräsentation und Diskriminierung von Frauen in der Musikbranche vorzugehen, wird Keychange mittlerweile nicht nur von der EU subventioniert, sondern von Sponsor*innen und Firmen aus der ganzen Welt. Mittlerweile hat sich das Projekt zu einer globalen Bewegung für eine tiefgreifende Umgestaltung der Musikindustrie entwickelt und sich zum Ziel gesetzt, bis zum Jahr 2022 weltweit bei möglichst vielen Festivals, Konferenzen, Musikorganisationen und -institutionen für eine 50:50-Gender-Equality zu sorgen. Mit Stand Januar 2022 haben sich bereits über 500 Musikorganisationen aus der ganzen Welt der Initiative angeschlossen und eine Keychange-Verpflichtung unterzeichnet, und sich damit für eine 50:50 Mann-Frau-Verteilung bei Festival-Acts, Gleichstellung bei Konferenzpanels, Gleichstellung bei Orchestermusiker*innen und Komponist*innen, Förderung von Produzent*innen, Branchenaktivist*innen, Kurator*innen etc. verpflichtet.

Das zweite Projekt, das hier Erwähnung finden soll, ist das im Jahr 2018 von der Bundeskulturstiftung Deutschlands einmalig aufgelegte »Defragmentation – Curating Contemporary Music Projekt«, ein Forschungsvorhaben mit dem Ziel,

> die aktuell in vielen Sparten geführten Diskurse um Gender & Diversity, Dekolonialisierung und technologischen Wandel nachhaltig in Institutionen der Neuen Musik zu verankern und kuratorische Praktiken in diesem Bereich zu diskutieren. (Internationales Musikinstitut Darmstadt 2018)

Dieses Forschungsprojekt wurde initiiert von den vier Kurator*innen der einflussreichsten zeitgenössischen Musikfestivals (Darmstädter Ferienkurse, Donaueschinger Musiktage, Maerz-Musik und Ultima-Festival Oslo), also interessanterweise genau jenen, die sich bis dahin nicht sonderlich damit hervor getan hatten, Komponistinnen oder Fragen um Gender und Diversity zu programmieren und im Zweifelsfall die Qualitätsdebatte ins Spiel gebracht hatten, um ihre einseitige Programmierung zu begründen und zu verteidigen.

Vor allem die Keychange Initiative hat sich für die Aufmischung des herrschenden Musikmarkts bisher als sehr produktiv erwiesen. Sie nimmt global immer mehr Fahrt auf und vereinigt weltweit mehr und mehr Akteur*innen. Einen entscheidenden Anteil daran hat sicherlich die eigene Betroffenheit der Initiatorinnen und ihrer immer zahlreicher werdenden Mitstreiterinnen, die ganz offensichtlich mit größerer Leidenschaft und längerem Atem ihr Ziel verfolgen als die vier Initiatoren des Projekts »Defragmentation – Curating Contemporary Music«, die sich zuvor kaum mit der Thematik auseinandergesetzt hatten. Sicherlich hat auch letzteres einen Forschungsanstoß gegeben – vor allem für jene Institutionen selbst, aus denen es hervorging. Aber ob und wie es sich nachhaltig auf die Musikszene und die Praxis von Kurator*innen auswirken wird, bleibt abzuwarten. Der Impuls, im Jahr 2018 die europaweit größten und einflussreichsten Festivals im Bereich zeitgenössischer Musik mit einer solch potenten Förderung auszustatten, kann natürlich in gewisser Weise als *Coup* der Bundeskulturstiftung unter Monika Grütters angesehen werden, waren es doch, wie bereits erwähnt, genau diese Festivals, die bis dahin hartnäckig ihre ›etablierte‹ Auffassung von zeitgenössischer Musik und entsprechenden Qualitätsstandards vertreten und sich kaum um Fragen von Gender, Klassismus, Dekolonialismus gekümmert hatten. Mittlerweile sind alle Forschungsbeiträge dieses Projektes in einem Buch zusammengefasst und bei Schott Music verlegt worden.[10] (vgl. Freydank/Rebhahn 2019)

Alles in Allem sind Initiativen wie diese natürlich eine Ermutigung für Komponistinnen und insofern auch eine indirekte Anrufung »werde Komponistin«, senden sie doch ein Signal positiver Verstärkung: »Seht, wir tun etwas für euch, wir werden als Gesellschaft den Ausschluss eurer Gruppe nicht mehr zulassen, wir werden verhindern, dass ihr Komponistinnen auf Grund eures Geschlechts ausgeschlossen werdet.«

Und in der Tat: Es hat sich in den letzten Jahren in der Musikszene einiges getan. Mittlerweile ist es für ein Festival eher peinlich, nicht eine halbwegs gleiche Quote von Komponisten und Komponistinnen zu präsentieren. Oft reibe ich mir erstaunt die Augen, wenn Veranstalter*innen plötzlich Komponistinnen als ›ihre Entdeckung‹ aus dem Hut zaubern, die bereits seit Jahrzehnten großartige Werke komponieren, jedoch bis noch vor Kurzem von den gleichen Kurator*innen keiner Aufführung wert waren. Interessant ist der Zeitpunkt dieser Förder- und Forschungsmaßnahmen: Denn ähnliche Initiativen, ausgehend von betroffenen Künstlerinnen, hat es in den vergangenen Jahrzehnten immer wieder gegeben. Sie wurden allerdings gerade vom Mainstream der akademischen zeitgenössischen Musik immer belächelt und marginalisiert – und natürlich nicht mit einer ›potenten‹ finanziellen Unterstützung ausgestattet. Wie kommt es also, dass das ›Komponistinnen-Problem‹ und die Gender-/

Diversity-Thematik mittlerweile sogar zur Chef*innen-Sache auf der Ebene der Ministerien und des Bundes erklärt und sogar auf internationaler Ebene angegangen wird?

Mehrere Gründe spielen hier zusammen: Dabei dürfte die Digitalisierung aller Gesellschaftsbereiche ein Hauptgrund sein, da sie ganz neue Formen der Vernetzung, des Austausches und der Informationsbeschaffung ermöglicht. Dazu zählt auch die #Me-Too-Debatte, die sicherlich dazu beigetragen hat, eine größere Sensibilisierung der Gesellschaft für Gender-Fragen in Gang zu bringen. Und noch ein weiterer Umstand hat diese Entwicklung meiner Meinung nach beschleunigt: die schleichende Auflösung der bürgerlich-akademischen Musikkultur. Und auch hier spielt die Digitalisierung wieder eine entscheidende Rolle. Weil Wissen immer zugänglicher und Vernetzung immer leichter möglich wird, verlieren die alten Institutionen mehr und mehr an Bedeutung – und nicht nur das, auch ihre Qualitätsstandards verlieren allmählich ihre Allgemeingültigkeit. Als Folge davon haben wir es mit einer noch nie dagewesenen Diversität im Bereich der zeitgenössischen Musik zu tun. Ein Blick auf die einschlägigen Festivals in den letzten Jahren zeigt, wie viele unterschiedliche Ansätze nebeneinanderher existieren. Das, was man als Musik zu bezeichnen gewohnt war, das Klingende, ist längst nicht mehr das einzig entscheidende Medium von Komposition. In dieser Ausdifferenzierungs-Situation werden Komponistinnen für die Selbstbeschreibung einer gerechten, multikulturellen Gesellschaft benötigt[11], dafür, das Bild einer offenen, zeitgenössischen Kunstgemeinschaft zu beschwören, einer Gemeinschaft, die sich immer schon gern als Avantgarde der Gesellschaft bezeichnet hat, obwohl sie bezüglich Gender-Gerechtigkeit eigentlich immer einer der rückständigsten Bereiche war.

IV Neoliberale Strukturen der Überbietung[12]

Aber vergessen wir bei all dem nicht: Alle Komponist*innen unterliegen den neo-liberalen Marktgesetzen[13]. »Werde Komponistin« ist damit indirekt auch ein Aufruf, sich selbst ›unternehmerisch‹ zu vermarkten (vgl. Bröckling 2007, 2014). Und dieser neoliberale Musikmarkt funktioniert heute vor allem über Distinktionsgewinne. Unsere Gesellschaft hat – immer noch – einen singulären Künstler*innenbegriff. Als Komponistin dürfen Sie also nicht in irgendeinem Plural verschwinden, sondern müssen möglichst Alleinstellungsmerkmale produzieren. Sie müssen möglichst etwas Besonderes sein, machen, schreiben. Je mehr Sie sich hervortun, womöglich mit der Kreation eigener »Ismen«, je mehr Sie im Gespräch sind, je mehr Sie auffallen, je mehr Sie sich absetzen von den anderen, je mehr »Eigenwilligkeit« Sie demonstrieren, z.B. mit einem ungewöhnlichen theoretischen Ansatz, desto größer werden Ihre Chance auf diesem Markt sein. Aber nur dann, wenn Sie auf Kurator*innen und Veranstalter*innen treffen, die sich für Sie interessieren. Doch auch diese unterliegen den unternehmerischen Marktbedingungen. Auch Festivals, Konzerte etc. setzen auf Distinktionsgewinne. Sie – als Komponistin – müssen also möglichst in ein herrschendes Format passen und sich mit den entsprechenden Veranstalter*innen verbünden. Denn mittlerweile gibt es ein unauflösbares Wechselspiel zwischen Künstler*innen und Kurator*innen, die – wohl auch als Folge der Ausdifferenzierung der Künste und der Loslösung von überkommenen Kunstkategorien – in den letzten Jahren immer wirkmächtiger geworden sind.

Innerhalb dieser Gemengelage ist »Qualität« ein sehr subjektiver Begriff und wird heute durch andere Parameter definiert als z.B. noch vor 20 Jahren. Denn Qualität ist – immer – kontextabhängig. Qualitätsvorstellungen haben einerseits mit historisch gewachsenen Bildungsstandards innerhalb einer Gesellschaft, einer Kultur zu tun, und andererseits mit dem persönlichen Bildungshintergrund von Entscheidungsträger*innen, Kurator*innen, Veranstalter*innen, aber auch Lehrenden. Im künstlerischen Bereich ist Qualität somit ein ständig neu zu verhandelnder Begriff.

V Verwertungs-Logiken und Schein-Freiheiten

Dem Regime des neo-liberalen Musikmarkts ist kaum zu entkommen. Es wirkt zum Teil bis tief in die künstlerischen Strategien und Entscheidungen von Komponist*innen hinein. Denn wenn es ununterbrochen darum zu gehen hat, auf sich aufmerksam zu machen, ›Output‹ zu generieren, ins Geschäft zu kommen oder zu bleiben, wird das Überleben als Komponist*in letztlich auch von der Fähigkeit abhängen, das Komponieren möglichst effizient zu gestalten. Strategien wie das Recyceln (= Wieder-Aufbereiten) eigener Arbeiten, die permanente Wieder-Verwendung einmal bewährter Kompositionsverfahren (z.B. durch Quantifizierung ästhetischer Vorlieben bzw. Automatisierung eigener ästhetischer Modelle und Verfahren), Rückgriffe auf alterprobte Kompositionstechniken der Vergangenheit, oder Stilkopien erfolgreicher Kolleg*innen sind in manchen Fällen weniger geleitet von einer tiefen künstlerischen Überzeugung, als vielmehr von einer an die Logik des Musikmarkts angepassten Form der »Selbst-Optimierung«. Von Muße jedenfalls keine Spur.

Vielleicht wäre es an der Zeit, diese Verwertungs-Logiken samt möglicher Ursachen genauer in den Blick zu nehmen? Dabei würde vielleicht die Frage aufkommen, ob die Freiheit bzw. die Autonomie der Kunst (mit der Freiheit der Wissenschaft zusammen *das* bedeutendste Symbol bildungsbürgerlicher Tradition) *dieser Gesellschaft* überhaupt noch als Ideal, als Leitbild gilt? Wenn doch alles dem Markt (dem laufenden Betrieb, oder sollte man sagen: dem Laufen des Betriebs) angepasst oder untergeordnet wird, werden muss? Und man könnte weiter fragen, ob nicht auch in der (Aus-)Bildung durch die (Teil-) Privatisierung der Universitäten und ihrer Vereinheitlichung der Studien-Architektur (Stichwort Bachelor/Master), ihren Curricula etc. und ihrer ›von oben‹ (= von der Politik) verordneten Maßgabe, effizient und konkurrenzfähig zu sein im Wettbewerb, dem sogenannten Ranking der Institutionen, ein Handeln Einzug gehalten hat, das mit der Freiheit von Wissenschaft und Kunst nur noch schwerlich vereinbar ist? Und so mit dem bisherigen europäischen Verständnis von Bildung bricht, das ein allgemeines Weltverstehen und die Fähigkeit zur reflexiven Distanz zum Ziel hatte? Und würde nicht auch dazu gehören, die ideologischen Zugangsbarrieren in den Blick zu nehmen und damit jene Ausschlüsse, die dieses System permanent produziert (in Bezug auf Geschlecht, Rasse, Klasse[14] und Ableismus)?

Genügt es unter diesen Vorzeichen tatsächlich, nur wie z.B. das Keychange-Projekt einen gleichberechtigten Zugang zum Musik-Markt zu fordern? Müsste nicht auch das neo-liberale System ganz grundsätzlich in den Blick genommen werden, dieses Regime des Müssens, das sich bis in die intimsten Winkel unseres Denkens, Fühlens und Handels einschreibt, eingeschrieben hat[15]?

An solchen Versuchen mangelt es heutzutage wahrlich nicht; exemplarisch sei an dieser Stelle der »Feminismus für die 99 %« (Arruzza/Bhattacharya/Fraser 2019) genannt, der von sich behauptet, nicht nur eine bestimmte Klasse von Frauen im Blick zu haben (vor allem die gut ausgebildeten Bildungsbürgerinnen), sondern »das Wohlergehen aller«, und der verspricht sich für »eine gerechte Welt« einzusetzen, »in der Wohlstand und natürliche Ressourcen von allen geteilt werden und in der Gleichheit und Freiheit nicht Ziel, sondern Ausgangspunkt sind« (ebd., 11)[16].

Nur, was heißt all das für Komponistinnen? Ist es auch an Ihnen, gegebenenfalls Handlungsoptionen davon abzuleiten oder gar künstlerische oder/und ästhetische Schlüsse daraus zu ziehen? Womöglich dann: Werde *feministische* Komponistin!? Käme mit einer solchen Zuspitzung, einem solchen Programm nicht schon wieder ein Müssen ins Spiel? Eines, das auf ganz *andere* Weise die Freiheit der Kunst/der Musik und der Komponistinnen selbst beeinträchtigt? Und sind nicht andererseits diese Befunde, Überlegungen und Fragestellungen für Komponistinnen doch eher nebensächlich, da es in der akademischen (zeitgenössischen) Musik, von der hier vorrangig die Rede ist, vor allem auch um ›gutes Handwerk‹ geht, um das Wissen von Proportionen, Stimmungen, Stimmführungen, um Kenntnisse in Physik, Akustik, Mathematik und daraus abgeleiteten Anwendungen, um Instrumentierung, Programmierung, Strukturierung, etc., schlicht um all das, was Christoph Menke in seinem Buch »Die Kraft der Kunst« als durch Ausbildung, Sozialisierung oder Disziplinierung erworbenes »Vermögen« bezeichnet? Zugegeben, der Begriff Kraft spielt dann auch noch eine Rolle, »Kraft« – im Unterschied zu unseren »vernünftigen Vermögen« – meint hier den unbewussten, spielerischen, enthusiastischen Zustand, ohne den es keine Kunst geben kann (vgl. Menke, 2013). Gilt daher für zeitgenössisches (akademisches) Komponieren am Ende ›nur‹ »macht doch was ihr wollt« (so das Motto vom Festival Wien modern 2021)? Nach allem bisher Gesagten wohl eher ein Euphemismus!

VI Fazit

Kehren wir unter diesen Vorzeichen noch einmal zur Ausgangsfrage zurück: »Werde Komponistin?!?« Wir haben gesehen, dass es – im Sinne Butlers – nach wie vor an »Anrufungen« und »Anrufen« für junge Frauen fehlt (im übertragenen und buchstäblichen Sinne). Schon in der Ausbildung wird ihnen – noch – ein Kompositionsbegriff entgegengebracht, der zumeist dem 19. Jahrhundert entstammt. Entsprechend transportiert auch der Wortstimulus Komponist einen Ballast altertümlicher Vorstellungen. Auch der Ruf zur Professor*in ergeht – noch – höchst selten an eine Komponistin. Somit fehlen in den Universitäten, Hochschulen und Akademien – noch – weibliche Vorbilder. In Konzerten und Festivals werden – noch – Werke von Komponistinnen deutlich seltener aufgeführt. Somit verdienen Komponistinnen – noch – deutlich weniger als viele ihrer männlichen Kollegen und können – noch – schlechter oder gar nicht von ihrer Musik leben. Das heißt, Komponistinnen müssen – noch – deutlich mehr Initiative ergreifen, um gehört, aufgeführt, um »angerufen« oder »berufen« zu werden, müssen sich also – noch – insgesamt mehr anstrengen.

Aber es zeichnen sich Veränderungen ab. Initiativen wie Keychange zeigen eindrucksvoll, dass durch Bündelung von Kräften tatsächlich etwas bewirkt, und wie in diesem Fall durch mehr Aufführungsmöglichkeiten die soziale Existenz von Komponistinnen und Musikerinnen verbessert werden kann[17].

Wir haben aber auch gesehen, dass das Regime des Neoliberalismus allgegenwärtig ist und alle gesellschaftlichen Bereiche überschreibt. Die Philosophin Juliane Rebentisch unterscheidet zwischen einem klassischen Kapitalismus, wie er sich heutzutage global vor allem in autokratischen Systemen wiederfindet, und einem vom Markt, d.h. bestimmten Kapitalakkumulationen beherrschten Neoliberalismus in westlichen Segmenten, den sie mit dem Philosophen Jacques Rancière zusammen als Post-Demokratien bezeichnet. Sie plädiert dafür, sehr genau zwischen diesen Kapitalismusformen zu unterscheiden: Im klassischen Kapitalismus haben wir es mit starren, normierten Rollenvorgaben zu tun, sodass sich hier als Gegenreaktion vehement für mehr Diversität etc. eingesetzt werden müsse. Im Neoliberalismus verschleiern hingegen die vermeintlich unendlichen Möglichkeiten (Freiheiten) der Individuen grundsätzliche strukturelle Ungleichheiten, in denen sie vorgeben, jede*r könne es schaffen, strenge er*sie sich nur genug an.

> Motive wie Flexibilität, Spontanität, Originalität und Differenz, die einst einen Zugewinn an Freiheit versprachen, haben sich inzwischen derart mit einer aktuellen Gestalt des Kapitalismus verbunden, dass daraus neue Formen von Entfremdung entstanden sind. [...] Die Subjekte heute werden nicht mehr nach bestimmten Rollenbildern normiert; vielmehr wird ihr Potential zur Abweichung ausgebeutet. [...] Dabei wird die Freiheit zur kreativen Selbstverwirklichung den Einzelnen jedoch in genau dem Maße großzügig zugesprochen, wie die Frage nach den sozialen Bedingungen einer solchen Freiheit abgeblendet wird. (Knörer 2017)

Schon weiter oben habe ich die Frage gestellt, was dieser Befund für Komponistinnen bedeutet. Natürlich können wir froh sein, dass wir nicht mehr im klassischen Kapitalismus mit seinen normierten Rollenvorstellungen leben, dass wir Komponistinnen – eben, weil die Gesellschaft sensibler in Sachen Diversität geworden ist – bessere Chancen haben als noch vor ein paar Jahren. Und in jeder Hinsicht zu Recht! Denn Komponistinnen bringen zum Teil ganz andere Ansätze und Ideen ein und erweitern damit nicht nur den Musikbegriff, sondern ›frischen‹ auch den Musikmarkt auf, machen ihn damit diverser und interessanter (so wie feministische Theoretikerinnen in den 60er Jahren mit anderen Inhalten, z.B. dem Slogan »das Private ist politisch« die Philosophie aufgemischt haben). Als Beispiele seien hier die norwegische Performerin-Sängerin-Komponistin Maja Solveig Kjelstrup Ratkje genannt, die virtuos die unterschiedlichsten

Genres von Musik zusammenbringt und von der Elfriede Jelinek bereits 2011 schwärmte: »Faszinierend! So eine Mischung aus archaischer Naturhaftigkeit und äußerster Kunstfertigkeit und Raffinement. So kenn ich das gar nicht. Wirklich toll«. Oder die kanadisch-englische Komponistin Cassandra Miller mit ihrem Ansatz der »transformativen Mimikry« (Miller 2018, 12), den sie in ihrer Dissertation »Transformative Mimicry: Composition as Embodied Practice in Recent Works«[18] darlegt, oder auch die irische Komponistin Anne Cleare[19], die in ihren Arbeiten die statische und skulpturale Natur des Klangs u.a. mit Hilfe von »hybridem Instrumentendesign« erforscht (Cleare 2011). Allesamt interessante und spannende Künstlerinnen, von denen ich hier eigentlich noch viel mehr aufzählen müsste.

Dennoch stellt sich mir die unangenehme Frage, ob Komponistinnen – der Verwertungslogik des Neoliberalismus entsprechend – womöglich für den Markt heute auch darum besonders interessant erscheinen, gerade weil sie Komponistinnen sind? Eben weil sich jegliches Anderssein, die sogenannte Diversität im Neo-Liberalismus besonders gut verkauft? Weil damit eine Vielheit und Chancen-Gleichheit beschworen wird, die jede*r gern glauben möchte, von der die Gesellschaft in Wahrheit aber nach wie vor meilenweit entfernt ist?

> Im Neoliberalismus werden Rasse, ethnische Zugehörigkeit und andere Merkmale von Unterschieden von einem oberflächlichen Multikulturalismus vereinnahmt, der die Vielfalt feiert und gleichzeitig jede Diskussion über Macht und ungleichen Zugang zu Ressourcen ausblendet. (Grzanka/Maher 2012, 374)

Sind wir Komponistinnen, vor allem die besonders erfolgreichen unter uns, also immer noch in gewisser Weise ›nur‹ Alibi-Frauen für Kurator*innen, Festival-Macher*innen, und vor allem für Sponsor*innen – und für die Gesellschaft? (z.B. haben Förderanträge für größere Projekte aktuell mehr Chancen, wenn Namen von Komponistinnen involviert sind, aber oft genug profitieren davon am Ende Institutionen, die sich um Gleichbehandlung keinen Deut scheren.) Weil sich durch unsere Anwesenheit grundsätzliche Diskussionen über Macht und ungleiche soziale Bedingungen – zumindest für diesen sich selbst als ›avantgardistisch‹ bezeichneten zeitgenössischen Musik-Markt – scheinbar erübrigen?

Sollte dieser Verdacht zutreffen, so stellt sich die Frage, wie umgehen mit diesen beabsichtigten oder auch unbeabsichtigten Vereinnahmungen? Wie sich ihnen entziehen?

Einfach fürs erste ungesehen in der Musik verschwinden, so wie die großen Meister chinesischen Legenden nach in ihren Bildern verschwunden sein sollen? Doch »die Frau ist kein großer Meister. Deshalb wird ihr Verschwinden nie vollkommen sein« so die Philosophin Eva Meyer. »Sie taucht wieder auf, beschäftigt wie sie ist, mit dem Verschwinden.«[20] Nach der großartigen Komponistin Adriana Hölszky muss in der Tat buchstäblich gesucht werden, sie hat keinen Facebook-Account und kaum Einträge im Netz, was aber nicht zu dem Schluss verleiten sollte, sie sei kompositorisch nicht aktiv![21] Auch ich selbst verweigere mich so gut es geht den heute gängigen Kanälen und Sozialen Medien und setze dem schnelllebigen anonymen Markt das »Prinzip Freundschaft« entgegen, indem ich möglichst in »Nähe-Systemen« arbeite. Auf diese Weise habe ich im Laufe der Jahrzehnte in enger Zusammenarbeit mit Künstler*innen unterschiedlichster Disziplinen neue kompositorische Verfahren entwickelt (Stichwort »Dialogisches Komponieren« und »Performative Composing«[22]).

Doch es gibt natürlich auch durchaus andere Strategien, z.B. die, multi-medial mit der Präsenz zu spielen, und zwar so »wie es ihr gefällt« (so der Name eines internationalen Musikerinnen-Festivals, das von 1991 bis 2010 internationale Künstlerinnen, Komponistinnen aus unterschiedlichsten Szenen, einem breiten Publikum bekannt machte und seit einigen Jahren unter dem Namen »Heroines of Sound« von Bettina Wackernagel und Sabine Sanio weitergeführt wird[23]). Wie z.B. die Komponistin Brigitta Muntendorf[24], die mit »Social Composing« eine nicht mehr auf das Autor*in-Subjekt gerichtete Theorie des Komponierens verfolgt und die sozialen Implikationen von Digitalität untersucht, oder die Performance-Komponistin Jagoda Smythka[25], die in ihren Arbeiten virtuos zwischen dem Leben auf der Bühne und der Inszenierung ihres Lebens hin- und herwechselt, mit ihren Alter Egos und Avataren spielt, bis »die Grenze zwischen leibhaftiger Realität, Virtuellem und Kunstgeschichte unscharf wird« (Schröder 2018). Oder die Performance-Komponistin Jennifer Walsh, die dank eines zweijährigen Stipendiums eine ganze Geschichte der irischen Avantgarde erfunden hat, deren unterschiedliche Protagonist*innen (das fiktive Künstler*innen-Kollektiv Grúpat, als Walshs Alter-Egos) auf der Website »Historical Documents of the Irish Avantgarde«[26] hörend und sehend zu erleben sind.

Fast wie erfunden scheint auch die Geschichte der 1874 in Swinemünde geborenen Elsa Hildegard Plötz (1874–1927) alias Baroness Elsa von Freytag-Loringhoven (von Troll 2019), jener legendären (Dada-)Performerin, ersten Punk-Künstlerin, »phallischen Wortspielerin« und »Ihr-könnt-mich-mal-Aufrührerin, die mit Vogelkäfigen auf dem Kopf und Scheinwerfern auf den Hüften posierte« (Hustvedt 2019), die Empörung und den Abscheu, den sie mit ihren Arbeiten hervorrief, selbstironisch mit den Worten kommentierte:

»Sie vergessen Madame – dass wir die Meister sind – halten Sie sich an unsere Regeln«[27] und sich eben nicht an die Regeln hielt. Sie machte aus Fundstücken Kunst, verwendete den Begriff »Ready Mades« dafür und besaß die Frechheit, ein Urinal bei einer Ausstellung einzureichen – und das zu Kunst zu erklären! Eben jenes legendäre mit »R. Mutt« gezeichnete Urinal, das den Skandal und entscheidenden Bruch in der bildenden Kunst herbeiführte, damit die Konzeptkunst begründete und in einer Umfrage unter Expert*innen 2015 zum wichtigsten Kunstwerk des 20. Jahrhunderts erklärt wurde. Der kleine Makel an dieser Geschichte: Dieses berühmt-berüchtigte »Objekt« hat später Marcel Duchamp (»Marcel Dushit«[28] wie die Baronesse ihn im Scherz genannt haben soll) für sich reklamiert. »Bullshit«, wie wir heute wissen.

Also zum letzten Mal: »Werde Komponistin?!?« Warum nicht? Doch »vergessen Sie nicht, Madame« – so möchte ich in Abwandlung des o. g. Zitats der Baronesse Elsa von Freytag-Loringhoven hinzufügen –, dass Sie die Meisterin sind und Sie die Regeln machen.

Anmerkungen

1 Dieser Text ist eine stark erweiterte und aktualisierte Version meines im Jahr 2019 in Sanio/Wackernagel (2019) veröffentlichten Beitrags gleichen Titels.

2 »In Deutschland ist die ›Kunstfreiheit‹ in Art. 5 Absatz 3 des Grundgesetzes (GG) verankert und zählt zu den am stärksten geschützten Grundrechten des deutschen Grundrechte-Katalogs.« https://de.wikipedia.org/wiki/Kunstfreiheit [4.4.2022]

3 Dass dieser durch die einschlägigen Institutionen weitergegebene ›Kanon‹ die Auffassung eines bestimmten Begriffs von Musik und mit diesem eine bestimmte Geschichte repräsentiert, von der Frauen historisch betrachtet über den größten Zeitraum der aufgezeichneten Musikgeschichte ausgeschlossen waren, soll hier nur am Rande erwähnt werden.

4 Die Selbstbezeichnung Komponist findet sich zumeist innerhalb der traditionellen und akademisch-institutionalisierten Bereiche (Stichwort: »bürgerliche Musikkultur« und »etablierte Avantgarde«). Von diesem Bereich ist hier vornehmlich die Rede.

5 Lassen wir an dieser Stelle mögliche Gründe dafür beiseite, wie männliche Netzwerke, sogenanntes ›male bonding‹, oder Vorurteile gegen Komponistinnen als Resultat einer mehr als 300-jährigen einseitigen Musikgeschichte entstanden sind. Fakt ist: Komponistinnen wurden und werden nach wie vor extrem selten berufen, ein Tatbestand, dessen sich Feminist*innen angenommen haben und eine Quote fordern. Ein vernünftiger Gedanke, hat doch die Geschichte bewiesen, dass auf andere Weise kaum Gerechtigkeit zu erreichen ist.

6 Im November 2021 veröffentlichte das VAN-Magazin die Zusammenfassung einer von der Dirigentin Melissa Panlasigui erstellten Studie zur Situation professioneller Komponistinnen und Musikerinnen in Deutschland: von den in der Saison 2019–20 insgesamt programmierten Werken stammten »9,4 Prozent von lebenden Komponierenden, und davon wiederum nur 11,6 Pro-

zent von Komponistinnen. Dies entspricht laut einer Studie des Deutschen Kulturrats ziemlich genau dem Anteil der Komponistinnen an allen 2019 bei der Künstlersozialkasse (KSK) gemeldeten Komponierenden (ebenfalls gut 11 Prozent). Die in der KSK versicherten Komponistinnen hatten im Schnitt außerdem ein nur gut halb so hohes Jahreseinkommen wie die Kollegen. Sie wurden also entweder weniger beauftragt oder schlechter bezahlt – oder beides. Auch in spezialisierten Neue-Musik-Reihen zeigt sich laut Panlasigui ein ähnliches Bild: Im Forum N des hr-Sinfonieorchesters, bei Musik 21 der NDR Radiophilharmonie, musica viva des Symphonieorchesters des Bayerischen Rundfunks, Musik der Zeit des WDR Sinfonieorchesters, Horizont 21 des Gewandhausorchesters Leipzig und den Bad Emser Neuen Klängen des Staatsorchesters Rheinische Philharmonie wurden 2019/20 nur zu 13 Prozent Komponistinnen gespielt. Dabei liegt der Frauenanteil unter den Kompositionsstudierenden der Kulturrat-Studie zufolge aktuell bei etwa einem Drittel. (Kompositionsprofessuren an deutschen Musikhochschulen haben allerdings wiederum nur in 9 Prozent aller Fälle Frauen inne. Das deckt sich mit einem ähnlich geringen Frauenanteil in den Führungspositionen im Konzertwesen: [...] 2019/20 (waren) nur knapp ein Drittel der Orchestervorstände, knapp ein Fünftel der Künstlerischen Leitungen und nur vier Prozent der Generalmusikdirektor_innen der öffentlich finanzierten deutschen Orchester weiblich.)« Krafeld 2021. Vgl. auch Panlasigui 2021.

7 Judith Butler hat darauf hingewiesen, dass Körper und Geschlecht nur *eine* historische Möglichkeit sind, sich wahrzunehmen und zu verstehen. Nach Butler referieren Geschlecht und Körper nicht etwa auf eine feststehende unveränderbare Substanz, sondern auf einen Diskurs, der Sinn und Bedeutung strukturiert. Vgl. Butler 1991, 1995

8 Eine interessante Randbemerkung: Im deutschsprachigen Wikipedia existiert das Wort Komponistin nicht, im Gegensatz zu vielen anderen Berufen. Für Schneider, Friseur, Lehrer u.a. werden Sie immer den Zusatz in Klammern finden: »weibliche Form Schneiderin, Friseurin« etc. Bei der Berufsbezeichnung »Komponist« fehlt dieser Zusatz ›weibliche Form‹. https://de.wikipedia.org/wiki/Komponist# [8.1.2022]

Man könnte sich umgekehrt fragen, welche Vorstellungen in dem im alltäglichen Sprachgebrauch immer noch dominanten Bezeichnungen »Krankenschwester« oder »Kindergärtnerin« zum Ausdruck kommen. Den Begriff »Krankenbruder« oder »Kindergärtner« hat es meines Wissens nie gegeben.

9 https://www.keychange.eu/about-us/who-we-are [10.02.2022]; https://www.musicaustria.at/keychange-women-in-music/ [10.02.2022]

10 Michael Rebhahn, Sylvia Freydank (Hg.): »Defragmentation – Curating Contemporary Music« ist ein Forschungsprojekt mit dem Ziel, die aktuell in vielen Sparten geführten Diskurse um Gender & Diversity, Dekolonisierung und technologischen Wandel nachhaltig in Institutionen der Neuen Musik zu verankern und kuratorische Praktiken in diesem Bereich zu diskutieren. Der Band fasst eine viertägige Convention im Rahmen der Darmstädter Ferienkurse zusammen. Zum Inhalt: Vorwort – Foreword – Dorothee Richter: Propositions on Curating – Martin Tröndle: Concert Evolution: A Theoretical Approach – Tim Perkis: Speaking with the Mindless – Sandeep Bhagwati: How to Be a Node, a Temporary Abode. Some Ideas on Curating Contemporary Musicking – Rolando Vázquez: The Decolonial Option and the Practice of Listening – Florian Malzacher: Creating Temporal Realities. Performativity as a Curatorial Tool – Anke Charton: Default, Debug, Decolonize: Thoughts on Intersectionality and New Music – Nick Collind & Björn Gottstein: The curAltor – Camille Baker: Where is the Human in a World of Technology

and the Arts? – Jérôme Glicenstein: Aesthetic Experience and its Dispositifs – AutorInnen / Authors – Programm Defragmentation (17.–20. Juli 2018) Schott Music (Verlag)

11 »Die Subjekte heute werden nicht mehr nach bestimmten Rollenbildern normiert; vielmehr wird ihr Potential zur Abweichung ausgebeutet.« Juliane Rebentisch im Gespräch mit Ekkehard Knörer über Freiheit, Goetheinstitut, 30. Nov. 2017, https://www.goethe.de/de/kul/ges/eu2/fre/21264029.html

12 »Der Neoliberalismus ist das vorherrschende Paradigma der politischen Ökonomie unserer Zeit – es bezieht sich auf die Politik und die Prozesse, mittels derer es einer relativ kleinen Gruppe von Kapitaleignern gelingt, zum Zwecke persönlicher Profitmaximierung möglichst weite Bereiche des gesellschaftlichen Lebens zu kontrollieren.« Chomsky/McChesney 2000, 7

13 »An die Stelle einer Normierung des Subjekts nach bestimmten gesellschaftlichen Rollenbildern tritt der Zwang zur von solchen Rollenbildern möglichst unabhängigen Selbstverwirklichung.« Rebentisch 2011, 371

14 Wie steht es z. B. um den »Klassismus« in der westlich akademischen Musik? Ein brisantes, viel zu lange vernachlässigtes Thema! Denn wer nicht aus bildungsbürgerlichem Haushalt stammt, also von Kindheit an musikalisch gefördert wurde, wird nach den derzeitigen Regelungen kaum eine Aufnahmeprüfung an den eben genannten Institutionen bestehen. In kaum einem anderen Studiengang wird eine solche »Vorbildung« verlangt. Dazu zählt u. a. die Beherrschung mindestens eines ›klassischen‹ Instruments, der Notenschrift, vertiefte Kenntnisse in Musiktheorie, Gehörbildung etc., – allesamt Fähigkeiten, die kaum in Schulen gelehrt, sondern »privat« erworben werden müssen.

15 »Dass wir dazu angehalten werden, eigentlich uns immer weiter zu optimieren, uns immer zu verbessern, nie stillzustehen, immer Ausschau zu halten nach neuen Möglichkeiten, um uns selbst zu verwirklichen oder um Profit einzustreichen« erläutert der Politikwissenschaftler Thomas Biebricher in einer Sendung im Deutschlandfunk. »Diese Vorstellung, dass es nie einen Ruhepunkt geben kann und darf, dass es immer weitergehen muss, dass Stillstehen schon Zurückfallen heißt, das ist einer der ganz großen sozialpsychologischen und individualpsychologischen Effekte des Neoliberalismus.« https://www.deutschlandfunkkultur.de/die-geschichte-des-neoliberalismus-100.html [10.02.2022]

16 »Der Feminismus, der uns vorschwebt […], weigert [sich], das Wohlergehen der vielen der Freiheit der wenigen zu opfern, verteidigt er die Bedürfnisse und Rechte der vielen – von armen Frauen und Frauen aus der Arbeiterklasse, von rassifizierten und migrantischen Frauen, von Queer-Trans- und körperbehinderten Frauen, von Frauen, die man ermutigt, sich zur Mittelschicht zu zählen, obgleich das Kapital sie ausbeutet. Doch damit nicht genug. Dieser Feminismus beschränkt sich nicht auf Frauenthemen, wie man sie traditionell definiert hat.
Er vertritt die Sache aller, die ausgebeutet, beherrscht und unterdrückt werden, und hofft, eine Hoffnungsquelle für die gesamte Menschheit zu sein. Deswegen sprechen wir von einem *Feminismus der 99 Prozent.*« (Arruzza/Bhattacharya/Fraser 2019, 24) Er »versteht sich als internationales Manifest, das nach dem Vorbild des Manifests der Kommunistischen Partei von Marx und Engels für einen antikapitalistischen Feminismus steht, der nicht nur eine privilegierte Elite vertritt«, so die Verfasserinnen, die italienische Professorin Cinzia Arruzza, die amerikanische Professorin Nancy Fraser und die indische Professorin Tithi Bhattacharya. Das Manifest sei der Versuch, einen Weg vorzuzeichnen, um eine gerechte Gesellschaft herbeizuführen; dazu zählen Frauenstreiks, die Verbündung mit anderen antikapitalistischen und antisystemischen Bewegun-

gen (Antirassistinnen, Umweltschützer, Arbeiter- und migrantischen Aktivistinnen und Aktivisten), kurz: ein Zusammenschluss aller »antikapitalistischen, ökologischen, antirassistischen, anti-imperialistischen Fraktionen, LGBTIQ+-Bewegungen und Gewerkschaften«. https://www.growthinktank.org/de/feminismus-fuer-die-99-ein-manifest/ [15.02.2022]

17 Dass davon jedoch nur ein vergleichsweise kleiner Kreis von Frauen (wie so oft die eher gut ausgebildeten und privilegierten Frauen) profitiert, habe ich oben bereits erwähnt. Quoten-Strategien stellen immer nur Übergangslösungen dar und sind keine geeigneten Maßnahmen gegen grundsätzliche Ungleichheit.

18 Aus dem Abstract des Bandes von Cassandra Miller (2018) Transformative Mimicry: Composition as Embodied Practice in Recent Works. Doctoral thesis, University of Huddersfield: »Dieser Kommentar begleitet ein Portfolio von Kompositionen, die zwischen 2014 und 2018 entstanden sind, und beschreibt zwei Methoden der transformativen Mimikry: Transkription (die in den notierten Kompositionen verwendet wird) und automatisches Singen (nicht notierte verkörperte Forschung). Transformative Mimikry bezieht sich auf einen Akt des Imitierens, Übersetzens oder Nachzeichnens, der sowohl transformativ als auch generativ ist. Bei der ersten Methode, der Transkription, werden Aufnahmen von Live-Musikdarbietungen als geliehenes Quellenmaterial verwendet, und die notierbaren Details ihrer Vokalität werden durch die Technologie der Notation übersetzt (d.h. durch ungenaue Nachahmung transformiert). Die zweite Methode, das automatische Singen, beinhaltet Variationen des Vokalisierens während des Zuhörens während des Meditierens (d.h. unpräzise Vokalimitation) in einem iterativen Prozess, der eine Resonanz zwischen melodischem Klang und interozeptiver Erfahrung erzeugt. Dieser Kommentar basiert auf einer genauen Analyse von drei Werkgruppen. In der ersten Reihe von Kompositionen, die ich als Forschungsphase 1 bezeichne, ist meine Rolle die eines Komponisten hinter einem Schreibtisch. In der nächsten Werkgruppe, der Forschungsphase 2, stehe ich als unausgebildeter Sänger auf der Bühne oder als Regisseur ohne Komposition, der zusammen mit einem Interpreten und Mitarbeiter Musik macht. Ich kombiniere diese beiden Bereiche der Praxis in einer kurzen Forschungsphase 3, die die Tür für zukünftige Erkundungen öffnet.« https://eprints.hud.ac.uk/id/eprint/34998/ [10.03.2022] (übersetzt von Iris ter Schiphorst)

19 Aus ihrer Website: »Ann Cleare ist eine irische Künstlerin, die in den Bereichen Konzertmusik, Oper, erweiterte klangliche Umgebungen und hybrides Instrumentendesign arbeitet. Beschrieben als ›eine‹ ganz andere Kunstform, die auf musikalische Traditionen zurückgreift, sich aber auch gegen sie richtet und über sie hinausgeht, indem sie etwas zum Ausdruck bringt, das sich gleichzeitig um Klang, aber auch um Energie, Bewegung, Raum und die Welt selbst dreht‹, erforscht sie in ihrer Arbeit die statische und skulpturale Natur des Klangs und lotet die Extreme von Klangfarbe, Textur, Farbe und Form aus. Indem sie die Poesie von Kommunikation, Transformation und Wahrnehmung erforscht, schafft sie hochgradig psychologische und körperliche Klangräume, die den Zuhörer dazu anregen, über die Komplexität des Lebens, in dem wir leben, nachzudenken und »die Welt anders zu hören«. (übersetzt von Iris ter Schiphorst) Cleare 2011ff. https://anncleareco mposer.com/about-2/; https://anncleareco mposer.com/about-2/ [26.11.2021]

20 »In chinesischen Legenden steht geschrieben, dass große Meister in ihre Bilder hineingingen und verschwunden sind. Die Frau ist kein großer Meister. Deshalb wird ihr Verschwinden nie vollkommen sein. Sie taucht wieder auf, beschäftigt wie sie ist, mit dem Verschwinden.« Eva Meyer, zit. nach Jelinek 2012, 192

21 Informationen über Adriana Hölszky auf der Verlagswebsite von Breitkopf & Härtel. https://www.breitkopf.com/composer/427 [20.02.2022]

22 vgl. z.B. die Werkbeschreibung von »Whistle-Blower« für Solo-Blockflöte und Streichorchester http://www.iris-ter-schiphorst.de/orchester/articles/whistle-blower-2020-21-ganze-fassung.html [20.02.2022]

23 »wie es ihr gefällt«, auch bekannt als Frauen-Musik-Festival, wurde 1991 von den Musikerinnen Inge Morgenroth und Angela von Taillan ins Leben gerufen und von der Künstlerinnenförderung der Senatsverwaltung Berlin – seinerzeit einmalig in Europa – bis 2010 unterstützt. http://www.wieesihrgefaellt.de/archiv.html [20.02.2022]

24 https://brigitta-muntendorf.de/ [20.02.2022]

25 http://www.jagodaszmytka.com/jagoda_szmytka.html [20.02.2022]

26 https://brunel.figshare.com/articles/dataset/Historical_Documents_of_the_Irish_Avant-Garde/13372589 [20.02.2022]

27 Übersetzung von Iris ter Schiphorst

28 Ins Deutsche übertragen heißt es »Marcel mach Scheiße«.

Literatur

Cinzia *Arruzza*, Tithi *Bhattacharya*, Nancy *Fraser* (2019), Feminismus für die 99%. Ein Manifest. Aus dem Amerikanischen von Max Henninger. Berlin

Ulrich *Bröckling* (2007), Das unternehmerische Selbst. Soziologie einer Subjektivierungsform. Frankfurt am Main

Ulrich *Bröckling* (2014), Jeder Mensch ein Künstler, jeder Mensch ein Unternehmer – Resonanzen zwischen künstlerischem und ökonomischem Feld, in: Leben, Kunst und Provokation. Wie wollen wir arbeiten? Jahreskonferenz der dramaturgischen Gesellschaft. Mannheim 23.–26. Jänner 2014, 15–19 https://www.soziologie.uni-freiburg.de/personen/broeckling/brockling-2014-jeder-mensch-ein-kunstler-jeder-mensch-ein-unternehmer.pdf [10.01.2022]

Judith *Butler* (1991 [1990]), Das Unbehagen der Geschlechter. Aus dem Amerikanischen von Katharina Menke. Frankfurt am Main

Judith *Butler* (1995 [1993]), Körper von Gewicht. Die diskursiven Grenzen des Geschlechts. Aus dem Amerikanischen von Karin Wördermann. Frankfurt am Main

Noam *Chomsky*, Robert W. *McChesney* (2000) [1999], Profit Over People. Neoliberalismus und globale Weltordnung. Aus dem Amerikanischen von Michael Haupt. Hamburg/Wien

Ann *Cleare* (2011ff.), https://anncleарecomposer.com/about-2/ [26.11.2021]

Tom Fleming, Vanessa Reed (2017), Women Make Music. Evaluation 2011–2016, S. 2–4, http://prsfoundation.com/wp-content/uploads/2017/03/PRS-Foundation-Women-Make-Music-evaluation-report-2017-FINAL.pdf [10.02.2022]

Sylvia *Freydank*, Michael *Rebhahn* (Hg) (2019), Defragmentation – Curating Contemporary Music (Darmstädter Beiträge zur Neuen Musik). Mainz

Patrick R. *Grzanka*, Justin *Maher* (2012), Different, Like Everyone Else: Stuff White People Like and the Marketplace of Diversity, in: Symbolic Interaction, 35/3, 368–393

Siri *Hustvedt* (2019, 29 March), A Woman in the Men's Room: When will the Art World recognise the real Artist behind Duchamp's Fountain?, in: The Guardian https://www.theguardian.com/books/2019/mar/29/marcel-duchamp-fountain-women-art-history [10.01.2022]

Elfriede *Jelinek* (2012 [1992]), Theaterstücke. Was geschah, nachdem Nora ihren Mann verlassen hatte oder Stützen der Gesellschaft/Clara S. musikalische Tragödie/Burgtheater/Krankheit oder Moderne Frauen, hg. v. Ute Nyssen. Hamburg

Ekkehard *Knörer* (2017, 30. November), Juliane Rebentisch im Gespräch über Freiheit. Goetheinstitut. https://www.goethe.de/de/kul/ges/eu2/fre/21264029.html [15.02.2022]

Merle *Krafeld* (2021, 17. November), Warum gibt es noch immer so wenig Komponistinnen auf den Konzertprogrammen öffentlich geförderter Orchester?, in: VAN Online-Magazin für klassische Musik, https://van-magazin.de/mag/komponistinnen-2021/ [5.7.2022]

Christoph *Menke* (2013), Die Kraft der Kunst. Frankfurt a. M.

Christoph *Menke*, Juliane *Rebentisch* (Hg.) (2011), Kreation und Depression. Berlin

Cassandra *Miller* (2018), Transformative Mimicry: Composition as Embodied Practice in Recent Works. Doctoral thesis. University of Huddersfield https://eprints.hud.ac.uk/id/eprint/34998/ [10.03.2022]

Internationales Musikinstitut Darmstadt (2018), Defragmentation Viertägige Convention zum Kuratieren Neuer Musik, http://internationales-musikinstitut.de/de/ferienkurse/defragmentation [04.04.2022]

Melissa *Panlasigui* (2021), Women in High-Visibility Roles in German Berufsorchester (musica femina münchen und Archiv Frau und Musik-Sonderveröffentlichung). Munich https://www.musica-femina-muenchen.de/wp-content/uploads/2021/02/Panlasigui-Women-in-High-Visibility-Roles-in-German-Berufsorchester.pdf.

Juliane *Rebentisch* (2011), Die Kunst der Freiheit. Zur Dialektik demokratischer Existenz. Frankfurt am Main

Sabine *Sanio*, Bettina *Wackernagel* (Hg.) (2019), Heroines of Sound. Feminismus und Gender in elektronischer Musik. Hofheim

Gesine *Schröder* (2018), Multi-Media Ladies. Zum theoretischen Umgang mit Produktionen von Jagoda Szmythka, Brigitta Muntendorf, Julia Mihály und Katarzyna GŁowicka, in: Congresual International de Muzicologie, 1/4, 32–38 https://www.ceeol.com/search/article-detail?id=793022 [10.02.2022]

Gritta *von Toll* (2019), Die DADA-Exzentrik der Elsa von Freytag Loringhoven. https://www.barnebys.de/blog/die-dada-exzentrik-der-elsa-von-freytag-loringhoven [10.01.2022]

Jürgen Oberschmidt

Musik(-unterricht) zwischen Divertimento und Etüde

Über das Spannungsverhältnis zwischen fremdgesteuertem Anpassungsdruck, musikimmanenten Steigerungsstrategien und kontemplativen Zugängen

Apollon, dem Gott der Künste, insbesondere der Musik, des Gesangs und der Dichtkunst, sind zahlreiche Tempel geweiht, zu seinem Gefolge zählen die Musen als Funktionsträger*innen im Dienste der Künste. Als »Kunst der Musen« trägt die Musik dies bis heute in ihrem Namen. Musik ist seit ihrer Entstehung in Ritus und Kult eingebunden, und die Musik, wörtlich genommen: Musentechnik, war von Anbeginn breit angelegt und lebt hier ihre engen und fließenden Beziehungen zur Sprache, zur Dichtung, zum Tanz. Die altgriechische Sprache war Musik, hatte neben ihrer Metrik auch Melodie, während sich alle anderen Sprachen wie ein unmusikalisches Blabla, genauer Barbar oder Barbaroi, anhörte, so nannten die Griech*innen die Sprecher*innen demnach Barbar*innen (Gadamer 1993, 341). Die Kultur ist etwas Musisches, dafür sorgten die Töchter der Mnemosyne, die als Göttin der Erinnerung ihre Erzählungen und Geschichten einbrachte. Ihre Kernkompetenzen waren breit angelegt: Hierzu gehörten nicht nur die Sprachformen, die alle musikalisch waren, auch Astronomie und Mathematik wurden musikalisch gefasst, die Ordnung der Gestirne folgte den Gesetzen einer nicht hörbaren Musik. Solch ein Glaube an eine kosmisch-menschliche Musikalität, die unsere Welt und alles, was mit ihr lebt, im Innersten zusammenhält, trägt sich bis in die Neuzeit hinein. Nicht zuletzt ist unser »Gestimmtsein«, wie Martin Heidegger das antike Denken von einer musica mundana in die Philosophie reimportierte, ein Ausdruck dieser sinnlich-atmosphärischen Erlebenssache (Heidegger 2006, 137).

Nun ist der Weg weit von solch zeitlich und räumlich fernen Musentechniken hin zu den irdischen Gestimmtheiten, wie sie sich in den bürgerlichen Niederungen unseres prosaischen Alltags abspielen, wobei das ›Spielen‹ hier dem Klavier und den Dienstleistenden der Musen, den Pianist*innen, zugeschrieben wird und ein sich daraus ergebendes »Gestimmtsein» durchaus wörtlich zu verstehen ist:

> Es kommt der Vater verstimmt nach Hause, weil sie ihm draußen im feindlichen Leben gar hart zugesetzt haben; da öffnet das Töchterlein das Clavier, greift in die Tasten und singt dem Vater sein Lieblingslied – ist's nicht, als gienge auf dem Antlitz des Vaters die Sonne auf und scheuchte von dannen die bösen Schatten? (Köstlin 1879, 4)

Hier ließe sich fragen, warum bei der Höheren Tochter nie die Söhne mitgedacht sind, die sich wahrscheinlich zur gleichen Zeit nicht im edlen Salon, sondern auf Niederungen des Küchenbodens mit ihren Zinnsoldaten auf jene Kriegsspiele vorbereiteten, die dann in der Realität zu bitterem Ernst werden sollten. Gefragt werden muss aber auch, ob die antiken Techniken der Musen in der hier beschriebenen Szene wirklich zur Anwendung kommen. Es fällt nicht in das Aufgabenfeld der Höheren Tochter, dem verstimmten Vater zu schöpferischer Inspiration zu verhelfen, es geht auch nicht einmal um jene Dienlichkeiten der Musik, die Johann Sebastian Bach einer Frau Musica zuschrieb, wenn sein Musizieren der »Recreation des Gemüths« dienlich sein sollte. Im bürgerlichen Salon manifestiert sich in der Musik eine gesellschaftliche Ordnung. Die Musik selbst dient der atmosphärischen Untermalung und reduziert sich auf ihren bloßen Kompensationscharakter: Nützlich scheint sie einzig, um die »bösen Schatten« des Alltags zu vertreiben. Der häusliche Salon ist kein Raum der Muße, wobei noch zu klären ist, was genau unter einer solchen Muße als eine »erfüllte Zeit« zu verstehen sei. Im Salon dient Musik letztlich auch dazu, die Arbeitskraft für die feindlichen Zusetzungen des Alltags wiederherzustellen. Und in den Musikräumen unserer allgemeinbildenden Schulen werden der Musik ähnliche Potenziale zugeschrieben: In der Musik, genauer gesagt, in der Auswahl der favorisierten musikalischen Praxen und in der Art und Weise der kunstwerkorientierten Unterweisungen, manifestieren sich bestehende Herrschaftsstrukturen. Zudem scheint auch hier die Musik geeignet, – um mit dem hier irrenden Pablo Picasso zu sprechen – den Staub des Alltags von der Seele zu waschen ohne berührend auf unsere Innenwelt und unser Handeln einzuwirken. Die Rede ist hier von einem Alltag, der nicht von der Kunst hinterfragt werden möchte und dem die Kunst, oder bescheiden realistisch formuliert: das Singen und Spielen der Höheren Töchter und ihrer Brüder, auch nichts hinzuzufügen hat. Ein flüchtiger Blick auf den auf dem Klavier liegenden Notenstapel, bei dem »Das Gebet einer Jungfrau« von Tekla Bądarzewska unter den zahlreichen Blumenstücken und Albumblättern weit oben liegen dürfte, verdeutlicht einen gewissen Eskapismus und zeigt, dass diese Welt sich um sich selbst und um ihre eigenen gesellschaftlichen Realitäten dreht, die nichts mit dem zu tun haben möchten, was sich außerhalb eines solchen häuslichen Wirkungshorizonts befinden könnte. In der Schule zelebrieren wir pädagogische Inszenierungen einer Schulmusik mit »kindertümelnden Instrumenten« (Kultusministerium Baden-Württemberg 1958, 108), die sich früher Blockflöte und Glockenspiel nannten und inzwischen durch farbig gestimmte Plastikrohre ergänzt oder ersetzt wurden.

In diesem Zusammenhang sollte also genauer danach gefragt werden, auf welche Weise die Musentechnik in den bürgerlichen Ritus und Kult eingebunden war und auch heute noch in unser Leben eingebunden ist. Dabei soll auch jene Stätte der Muße aufgesucht werden, die kraft ihres griechischen Leumunds bis heute noch als ein Ort der erfüllten, freien und selbstbestimmten Zeit verstanden werden möchte – oder die zumindest nach einem solchen noch benannt wird. Dieser Ort heißt »Schule« (lat. *schola* von altgriech. σχολή, Ursprungsbedeutung: »Müßiggang«, »Muße«), der Weg durch diese müsste demnach ein einziger Müßiggang sein, doch allzu selten öffnet sich hier der Raum für schöpferische Muße.

Verbunden ist dies mit der Frage, wie sich die antike Musentechnik selbst zu einer Technik der musikalischen Erwerbsarbeit entwickelt hat. Das berührt nicht nur ein Fragen nach dem Stundenplan jener Höheren Tochter, die ihren Vater mit Liedern beglückt, wie wir sie in Fritz Jödes Liedersammlung »Frau Musica – Ein Singbuch fürs Haus« (1929) versammelt finden, sondern auch jenen Diskurs, wie ein musikalisches Lernen unter den sich wandelnden Einflüssen insgesamt verstanden werden möchte und sich all dieses nicht nur im Privatunterricht der Höheren Tochter, sondern auch im Feld der formalen Lernkontexte unserer Bildungseinrichtungen widerspiegelt. Vorerst sei hier die These vertreten, dass die hier bereits abgebildete Szene, die ja nicht aus einem Erziehungsratgeber, sondern aus einer »Einführung in die Aesthetik der Musik« (Köstlin 1879) stammt, sich nicht nur auf das schulische Wirkungsfeld, sondern auf die Kunst ganz allgemein übertragen lässt und uns Aufschluss darüber gibt, welchen Platz man ihr in unserer Gesellschaft zuweisen möchte – oder welchen sie sich hier selbst zuweist.

Vom Müßiggang zur Selbstoptimierung

In der Antike tritt Muße in einem reichen Bedeutungsspektrum, das über Ruhe und Studium bis hin zur Verzögerung und Langsamkeit reicht, und als Gegenpol zur Arbeit auf. Arbeit macht unfrei, weil sie unter dem Zwang der Lebensnotwendigkeit steht: »Nur Not zwingt zur Arbeit, die darum *not*-wendig ist« (Han

2009, 88). Muße ist also ein Privileg der freien Bürger, des Patriziats und der Aristokratie; für die Arbeit gab es Sklav*innen. Die Bürger hatten ihren Raum für die Muße und damit ein standesgemäßes Privileg, sich bilden zu dürfen. Nun waren die freien Bürger in Rom nicht beschäftigungslos, galt es doch den umfänglichen Regierungs- und Verwaltungsaufgaben nachzukommen und sich um den Militärdienst zu kümmern. Die kontemplative Betrachtung der Welt ist entgegen dieser Arbeit, aber auch jenseits des Nichtstuns an Prunktafeln im Veni-Vidi-Villa-Modus angesiedelt, jenem Statusdenken im Stile des ›Mein Esstisch, mein Teppich, mein Wandbehang‹, in dem wir heute noch unsere Besitztümer zur Schau stellen. Zur Muße gehört das Sammeln der Sinne, nicht das Streben nach Reichtum und Besitz, sondern nach Erkenntnis und Wahrheit:

> Die Muße ist dem trägen Nichtstun nicht benachbart, sondern entgegengesetzt. Sie dient nicht zur Zerstreuung, sondern zur Sammlung. Das Verweilen setzt ein Versammeln der Sinne voraus. (Han 2009, 89)

Solch ein Müßiggang mit all seinen kreativen und charakterbildenden Möglichkeiten bildet die notwendige Voraussetzung und den Kern aller Bildungsprozesse. Muße bedeutet in der Antike ein gesellschaftliches Privileg, das den Müßiggang von der zweckgeleiteten Arbeit der Sklav*innen abhebt. Aristoteles hätte den heute so gern benutzten Begriff des »Geistesarbeiters« für ein Paradox gehalten, Cicero prägte den Begriff der »würdevollen Muße«, als eine privilegierte Zeit ein Zustand der Freiheit, ohne den Zwang einer Lebensnotwendigkeit oder Sorge um die nächste Lernstandserhebung. Nun bewegen wir uns heute glücklicherweise fern von solch einer antiken Sklav*innengesellschaft. Und wer an vorzeitliche Lebensformen erinnert, darf nicht verkennen, dass Schule aus gutem Grund zu einer »Anstalt der Lebensnot« (Nietzsche 1988, 717) geworden ist, an dem wir uns mit dem beschäftigen müssen, was eben lebensnotwendig geworden ist.

Von einem Leben in »würdevoller Muße« glauben wir uns in der modernen Welt weit entfernt. Hartmut Rosa deckt das »Paradoxon der modernen Welt« und ihre Beschleunigungsmechanismen auf: »Wir haben keine Zeit, obwohl wir sie im Überfluss gewinnen« (Rosa 2005, 11). Wer dies nun einzig als eine Charakterisierung unserer modernen Gesellschaft lesen möchte, der verkennt, dass auch vor der Erfindung der Spülmaschine die Zeit durchgetaktet war, auch in der sogenannten Freizeit blieb hier keine freie Zeit: Während früher Handarbeiten, Lesestunden und Klavierspiel auf der Stundentafel standen, sind es heute das Voltigieren, die Tennislektionen und der Nachhilfeunterricht, die sich zu den Grundfragen der musikalischen Bildung hinzugesellen und die Nachmittage unserer Kinder minutiös verplanen. Und auch in der Erwachsenenwelt lebt es sich nicht ohne solche Animationsprogramme:

> ›Moderne Menschen‹ unterwerfen sich mehrheitlich der eigentümlichen anonymen Macht und namenlosen Herrschaft der Zeit und der Zahl. Sie handeln als rationalisierte sowie sich selbst und ihre Welt rationalisierende Subjekte. Sie sind Effekt und Voraussetzung der gesellschaftlichen und globalen Rationalisierung. Sie denken und machen mit, ganz im Sinne der zweckrationalisierten Logik ziel- und effizienzorientierter Kalküle. (Straub 2019, 154 f.)

Peter Sloterdijk (2011) macht in seinem Essay »Du musst dein Leben ändern« ein biotechnologisches Zeitalter aus, in dem sich die Menschen willig den Kompetenz- und Leistungsanforderungen unterwerfen und ständig mit der eigenen Leistungsoptimierung und Selbstformung beschäftigt sind. Solche Praxen der Selbstformung scheinen zu unserem Leben dazuzugehören und werden dann nicht nur im Fitnessstudio ausgelebt, sie weisen den Weg zu Schönheitschirurg*innen und in die Ernährungsberatung, all dies bestimmt uns selbstverständlich auch in der Schule:

> So zeigt sich auch in Studien zu Bildung und Erziehung, dass das pädagogische Handeln von Eltern unternehmerische Züge annehmen kann und Elternschaft, die Schulwahl sowie der Bildungsverlauf und die Freizeitgestaltung der Kinder in zweckrationalen Kosten-Nutzen-Analysen verhandelt und unter permanenten Optimierungsdruck gesetzt wird. (Straub 2019, 312 f.)

Von der antiken Musentechnik zur musikalischen Erwerbsarbeit

Der Ausdruck Divertissement (französisch ›Zeitvertreib‹) erscheint von der ersten Hälfte des 17. Jahrhunderts an in Frankreich als Oberbegriff für aristokratische Vergnügungen aller Art, im Divertissement oder Divertimento wird dieser auch zum musikalischen Begriff dieses Lebensgefühls. In Begriffen wie ›Übung‹, ›exercice‹, oder ›lesson‹ hat sich bereits im 18. und 19. Jahrhundert der Gedanke an ein musikalisches Lernen eingemischt, das sich im Sinne eines Trainierens von Fertigkeiten aus den Bereichen der Kunst löst und es nicht zuletzt durch die Spezialisierung der Musiker*innenausbildung zu einer Verlagerung der Gewichte kommt. Harmonielehre, Kontrapunkt, Komposition werden zu Nebenfächern degradiert, wenn die Adept*innen vorrangig zu vornehmlich reproduzierenden Instrumentalist*innen ausgebildet werden, die sich den Tugenden des Handwerks und der Industriearbeit anschließen:

> Der Meister führt vor, wie man eine Sache erfolgreich macht, und der Lehrling muss herausfinden, wo der Schlüssel dafür liegt. Beim Lehren durch Vorführen liegt die Last beim Lernenden. Außerdem wird vorausgesetzt, dass hier eine direkte Nachahmung möglich ist. (Sennett 2008, 243)

Damit entsteht aus dem höfischen Divertissement die bürgerliche Etüde:

> Ein Zentralbegriff der höfischen Kultur war das ›Divertissement‹, die Zerstreuung. Sie war der Inbegriff der Aristokratie, deren Sinn vor allem in der Ablenkung von der realen Situation und in der Sorge um die Verhinderung des horror temporis vacui als Grundbefindlichkeit liegt. Gegen die Aristokratie und ihre von scheinhafter Bekämpfung des Müßiggangs gerichtete Lebensweise richtete sich die bürgerliche Aufbruchsbewegung des 18. Jahrhunderts, gipfelnd in der Französischen Revolution. Sie setzte dem Divertissement als Lebenshaltung den neuen Arbeitsbegriff entgegen, der im Calvinismus als dem eigentlichen Gegenspieler des Absolutismus bereits lange zuvor angelegt war: Jede Form von Müßiggang und Zerstreuung galt als sittlich verwerflich, Zeitvergeudung als die erste und schwerste aller Sünden. (Edler 2003, 271)

Die Ausbildung der Mechanik und die damit verbundenen physiologischen Probleme rückten damit in den Vordergrund: »Aus dieser Situation erklärt sich, daß die Entstehung der Etüde sozusagen historisch fällig war: Sie ist als Maßnahme zur Arbeitsrationalisierung zu begreifen« (ebd., 279). Jede Etüde stellt sich somit in ein Konstrukt, das einzelne Gänge des Übens bereitstellt, die sich vor der phänomenologischen Begegnung mit einem Kunstwerk stellen. Schließlich öffnet erst ein technisch ausgebildeter Handapparat die Möglichkeit, sich mit den Werken der geheiligten Prominenz zu widmen. Selbst der technikaffine Autoliebhaber Ferruccio Busoni hat sich in seinem »Entwurf einer neuen Ästhetik der Tonkunst« hier äußerst kritisch geäußert:

> Die Routine wandelt den Tempel der Kunst um in eine Fabrik. Sie zerstört das Schaffen. Denn Schaffen heißt, aus nichts erzeugen. Sie ist die ›Poesie, die sich kommandieren lässt.‹ (Busoni 2013, 46)

Die nötige Ware stellte hier Carl Czerny her. Sein Name sollte gleichsam zum Programm einer jeder Kunstproduktion vorauszusetzenden »Einzelhaft am Klavier« (Wehmeyer 1983) und seine Etüden von seinen Zeitgenoss*innen kritisch beäugt werden. Beethoven formte die Opuszahl zum Symbol des individuellen Künstlertums. Sie bezeichnet ein Werk mit seinem ureigenen musikalischen Kosmos, sein Op. 111 wurde Mythos, sein Schüler Czerny degradiert sie wieder zur Katalognummer, so wie es ein ironischer Kommentar zum Op. 795 beweist: »Wem schaudert nicht die Haut aus Ehrfurcht vor den gewaltigen Opuszahlen?! Wer bewundert nicht die Verdienste des großen Industriellen« (zit. n. Edler 2002, 714). Und zur Nr. 808 seines Bestandsverzeichnisses wird lediglich berichtet: »In der Fabrik des Hrn. Ch. Czerny u. Comp. ist ein Rondo vermittelst Dampfkraft verfertigt worden. Mehr als dieser Anzeige bedarf es hier nicht« (ebd.). Eduard Hanslick, der Hüter über tönend bewegte Formen, warnte vor einer wahren Klavierpandemie, ließ seine »Ansicht über die unbarmherzige moderne Stadtplage [...] hören, die es bis heute glücklich bis zu der ehrenvollen Bezeichnung ›Clavierseuche‹ gebracht hat« und bekennt, dass er

> dieser Epidemie gegenüber nur Patient [...] und nicht Arzt [sei]; höchstens ein Doctorand jener Classe, welche, unfehlbar im Erkennen der Krankheit, doch kein Mittel weiß, sie zu heilen. [Er] halte die herrschende Seuche für unheilbar und glaube, daß wir nur mittelbar, auf weiten ästhetischen und pädagogischen Umwegen dahin gelangen können, ihren verheerenden Fortgang allmählich einzudämmen (Hanslick 1884, 572).

Hanslick erinnert hier an die warnenden Worte Otto Gumprechts: »Der massenhafte Andrang des weiblichen Geschlechts zum Virtuosenthum,« schreibt Gumprecht,

> ist eine böse Krankheitserscheinung der Zeit. Alle Väter und Mütter sollten sich zwei- oder dreimal besinnen, bevor sie den höchst verantwortlichen Entschluß fassen, ihre Töchter zu Künstlerinnen oder auch nur zu Musiklehrerinnen zu erziehen« (ebd., 575) (vgl. dazu auch Röbke 2012).

Dass es die gerne angenommene Pflicht einer Höheren Tochter war, die Wünsche des Vaters mit froher Bereitwilligkeit zu erfüllen, um auch mittels musikalischer Betätigung die Unterordnung unter männliche Autoritäten zu erlernen, schildert die Kaufmannstochter Fanny Lewald (1811–1889) in ihren Lebenserinnerungen. Ihr Vater war davon überzeugt, »Musik sei etwas Mechanisches, was jeder Mensch erlernen könne. Woher er bei dieser Geringschätzung der Musik so dringend verlangte, sie mir eigen zu machen, habe ich nicht einsehen können«

(Lewald 1980 [1861–1863], 75). Jedem Kind ein Instrument war hier Devise, doch die Ausbildung der instrumentalen Verfügungspotenziale am Klavier sollte bei Fanny Lewald nicht den erwünschten Erfolg haben. Schließlich opponierte sie erfolgreich gegen ihre Verheiratung mit einem ungeliebten Mann, gab damit ein Beispiel, dass immer Ausnahmen eine angenommene Regel bestätigen und die Musikausübung nicht a priori dazu geeignet erscheint, sich die von anderen gewünschten Sozialkompetenzen anzueignen. Als Fanny darum bat, wegen eines selbst ausgemachten Mangels an musikalischem Talent vom Unterricht befreit zu werden, entgegnete die Obrigkeit:

> Je mehr Unlust ich hätte, das Klavierspielen zu erlernen, umso besser und nötiger sei es, daß ich mich mit Selbstüberwindung dazu zwinge. Daß ich in der Schule fleißig sei, darin liege kein Verdienst, denn das täte ich, weil es mir Vergnügen mache. Wenn ich mich aber gegen meine Neigung fleißig auf die Musik verlegte, so würde er erstens sehen, daß ich gern täte, was er wünsche, – und zweitens würde ich damit nur tun, was mir nützlich sei. (ebd., 74)

Die geistige Aufzucht sollte auch nach Beendigung der Schulzeit genau geregelt bleiben, das Klavierspiel eingebaut in häusliche Disziplinierungsmaßnahmen und Teil der väterlichen Direktiven:

> Sonntag wird völlig der Bestimmung von Fanny anheimgestellt, mit Ausnahme der Klavierübung von 8–9 Uhr; jedoch müssen [...] die Stunden, welche [unter der Woche] am Klavier durch Ausgehen oder durch Besuche versäumt worden sind, genau ersetzt werden. Fanny wird durch pünktliche Erfüllung dieses Stundenzettels und durch sonstiges gutes Betragen sich bemühen, ihren Eltern den Beweis zu geben, daß sie würdig sei, noch anderweitigen Unterricht zu erhalten und von ihrem Vater für ihre Erholungsstunden gute Lesebücher zu bekommen. (ebd., 77)

Das Lernen mit dem Wochenplan, was dazu führt, dass die fremdbestimmten Aufgaben selbstständig und eigenverantwortlich vom ‚Humankapital‹ durchgeführt werden dürfen, ist also keine Erfindung der gegenwärtigen Bildungsökonomik und ihres Kompetenzgetriebes. Und die damals sich noch in den Kinderschuhen befindliche Musiker*innenmedizin, hier vertreten durch einen Allgemeinmediziner und Verfasser einer Streitschrift mit dem Titel »Wider die Musik! Die gegenwärtige Musiksucht und ihre unheilvollen Wirkungen«, merkte kritisch an, dass die armen Geschöpfe ihre »spärlichen Mussestunden mit der ganz wertlosen Klavierpaukerei vergeuden und sich Körper und Geist aufs tiefste schädigen lassen« (Grabowsky 1900, 53). Mit der inzwischen gebotenen Distanz lässt sich kritisch hinterfragen, ob sich nicht auch unsere heutigen Bildungsmaßnahmen in Schule und Musikschule, insbesondere mit dem musikpädagogischen Instrumentarium farblich markierter Eintoninstrumente mit den Worten Adolph Bernhard Marx als »Verkehrung der Kunst in eine todte Technik« (Marx 1850, 384) anprangern ließe.

Die hier nur skizzierten Unterwerfungsstrategien lassen sich nicht auf die hier nun zu Genüge gebrandmarkte Ausbildung zur Höheren Tochter eingrenzen. Auch heute lassen sie sich in den verschiedenen und differenziert zu betrachtenden Institutionen der Musikausbildung, in Schulen und Musik(hoch)schulen und den hier herrschenden systeminhärenten Machtstrukturen, wiederfinden. In diesem Zusammenhang sollte allerdings ganz dezidiert von Ausbildung und nicht von musikalischer Bildung gesprochen werden, wenn uns hier lediglich ein mechanisches System an die Hand gegeben wird und vor allen Dingen immer mehr vom Gleichen hergestellt werden soll. Niklas Luhmann kennzeichnet Kunst als »Ergebnisse gezielter menschlicher Tätigkeit, die nicht eindeutig durch Funktionen festgelegt sind« (zit. n. Lotter 2020, 266). Geiger*innen, die ihr Studium damit verbringen, sich nach Maßgaben ihrer Meister*innen ihr Mozart-Konzert anzudressieren und ihr romantisches Solokonzert perfektionieren, um nach der erfolgreichen Nadelöhrpassage Probespiel als Galeerensklav*innen am dritten Pult der zweiten Geiger*innen nach den Schlagstöcken ihrer Meister*innen zu funktionieren, gehen einer eindeutigen Funktion nach – und manch eine Höhere Tochter wird sich in Probensituationen auch an ein vergessen geglaubtes Vaterbild erinnern, dem sie im Rahmen ihrer Instrumentaldressur in der Gestalt des instrumentalen Ziehvaters oder der Ziehmutter begegnet sein dürfte. Kann in solch einer mußefreien Zone des Orchesterdienstes als eine zweckgerichtete Arbeit Kunst entstehen? Finden die Musen als Nachkommende des Gedächtnisses keinen besseren Ort der Muße, als in der Schnelllebigkeit eines von kommerziellen Zwängen beengten Probenalltags eines Orchesters? Schließlich ist auch jede Musikhochschule, jedes Orchester zu einer Stätte der »Lebensnot« (Nietzsche 1988 [1872], 717 u. vgl. Han 2009, 88) geworden.

Zwei Fallbeispiele: Yakomoz Karakurt und Friedrich Nietzsche

Der kleine Friedrich lebte im sogenannten Naumburger Frauenhaushalt; er wohnte zusammen mit seiner Mutter, der Schwester, seiner Großmutter und zwei unverheirateten Tanten. Standesgemäß besuchte der Sohn der Pfarrerstochter Franziska Ernestine Rosaura Oehler das Domgymnasium Naumburg, hier fiel er früh durch seine sprachlichen Begabungen und musischen Talente auf. Seine Leistungen waren sehr gut, ein Stipendium ebnete ihm den Weg zum Internatsgymnasium Schulpforta, einer Schule mit musikalischem Schwerpunkt, besonders prägten ihn die Exkursionen mit dem Schulchor. Schulpforta galt schon immer als Eliteschule, hat Größen wie Johann Hermann Schein, Friedrich Klopstock, Erdmann Neumeister, Johann Gottlieb Fichte hervorgebracht. Hier lernte Friedrich den »uniformierenden Zwang einer Zeiteinteilung« (zit. n. Janz 1981, 69) kennen, an den sich der Vierundzwanzigjährige später erinnerte und die er mit den durchaus heute noch geschlechtsspezifischen Vermeidungsstrategien begegnete. Friedrich war nun mal kein Musterschüler – und gerade deshalb gelang ihm die Anpassung ans System:

> Ich rettete vor dem einförmigen Gesetz meine privaten Neigungen und Bestrebungen, ich lebte einen verborgenen Kultus bestimmter Künste, ich bemühte mich in einer überreizten Sucht nach universellem Wissen und Genießen, die Starrheit einer gesetzlich bestimmten Zeiteinteilung zu brechen. Es fehlte an einigen äußeren Zufälligkeiten; sonst hätte ich es damals gewagt, Musiker zu werden. (ebd., 73)

In seinem durchgetakteten Schulalltag eilte der junge Friedrich von einer Gegenwart zur nächsten, litt unter solch einer Ansammlung von Augenblicken, die ihm ein kontemplatives Versenken unmöglich machte. Für Friedrich gab es lediglich den einen wöchentlichen »Ausschlafetag«. Dieser Raum der Muße, den das Schulsystem in Sachsen-Anhalt inzwischen nicht mehr vorsieht, schenkte Friedrich freie Zeit, Zeit zum Verweilen, Zeit zum Dichten und Komponieren:

> An diesem Tage konnten die Pförtnerschüler eine Stunde länger schlafen, und dann gab es den ganzen Tag weder Schul- noch Lesestunden, sondern nur Repetierstunden, in denen die Schüler das in der Woche Gelernte auf seine Festigkeit überprüfen und sich im übrigen völlig eigenen Studien überlassen konnten. (Janz 1981, 69)

Friedrich hat sich zudem mit einer ihm eigenen Partisanenstrategie Freiräume geschaffen, um »der schwindelnde[n] Hast unseres rollenden Zeitalters« (Nietzsche 1988, 649) und dem Diktat der Zeitökonomie zu entrinnen: »Ich bemühte mich, […] die Starrheit einer gesetzlich bestimmten Zeitordnung und Zeitnutzung zu durchbrechen« (zit. n. Janz 1981, 73). Zu Sprache gekommen ist hier die Bildungsbiographie Friedrich Nietzsches, samt seinen Anpassungsstrategien an das System »Schule«, das er kreativ zu unterwandern verstand. Was man in der Schule lernt, ist vor allem,

> mit Organisationen dieser Art zurechtzukommen, also: sich auf Leistungsanforderungen, auf Vergleich mit anderen unter angeblich sachlichen, jedenfalls universalistischen und spezifischen Kriterien und auf karriereförmige Selektion einzustellen. (Luhmann 2002, 79 f.)

Luhmann bezeichnet die Schule als »Trivialmaschinen«, »die auf einen bestimmten Input mit Hilfe einer eingebauten Funktion (der ›Maschine‹) einen bestimmten Output produzieren« (ebd., 77). Trotz Schulbesuch bleiben die Menschen nichttriviale Maschinen:

> Was geschieht aber, wenn nichttriviale Systeme sich in Situationen finden, in denen sie der Trivialisierung ausgesetzt sind? Sie stellen sich durch Selbstsozialisation darauf ein. Oder anders gesagt: sie lernen damit umzugehen. (ebd., 79)

Yakomoz, Schülerin in der 9. Klasse eines Hamburger Gymnasiums, wandte sich in einem offenen Brief verzweifelt an die Öffentlichkeit. Ihr gelang solch ein selbstorganisiertes Achtsamkeitstraining nicht, erlebte sie doch ihre Schulzeit in Hamburg weniger entspannt. Yakomoz nahm die schulische Vorsehung zwischen Input und Output wörtlich: »Mein Kopf ist voll. Zu voll. Was denken sich eigentlich diejenigen, die über unser Schulleben bestimmen?« (Karakurt 2011, 3). Offenbleiben muss dabei, ob sich hier allein die über Generationen erarbeitete standesgemäße Aufwandsnorm besitz- und bildungsbürgerlicher Kreise und ihrer auf Normerfüllung angelegten exklusiven Töchterbildung mit den selbsterlebten Erfahrungen mischen, die aus den Diskriminierungen im Migrationskontext und einer damit verbundenen Überfüllung der Norm zu erklären sind und bei dem hier geschilderten telefonischen Interventionsversuch bei der Hamburger Schulbehörde vermutet werden können:

> Doch die Person am anderen Ende der Leitung hat mich unterbrochen und gesagt, dass das Gymnasium nur für selbständige Schüler ist, die ein gewisses Lerntempo durchhalten. Es gäbe da ja noch Stadtteilschulen, auf denen das Abitur nach 13 Jahren möglich sei. (ebd.)

In dem im Nachlass 1998 vorgefundenen Manuskript spricht Luhmann bereits von der »Erziehung zu richtigem Wissen und Verhalten«, den bereits angesprochenen »Trivialmaschinen« (Luhmann 2002, 77). Heute verrechnen wir mehr denn je Bildungszeit mit wirtschaftlicher Rendite; der vielfach rezipierte Hilferuf der Hamburger Schülerin Yakomoz drückt diese Ökonomisierung der Bildung durch seine eindrückliche Maschinenmetaphorik aus:

> Wir sollen Maschinen sein, die funktionieren, und das mindestens 10 Stunden am Tag. Aber funktionieren heißt nicht gleich lernen. Lernen bedeutet nämlich vor allem eins: Erfahrungen sammeln. (Karakurt 2011, 3)

»Mein Kopf ist voll« – Mit Selbstoptimierung zum »Mentalkollaps«

Yakomoz trifft auf böse Schatten, im Lernprozess ist sie nur die Kooperationspartnerin eines Optimierers, der selbst keine Persönlichkeit aufweist und lediglich wie eine Stellschraube im Getriebe wirkt:

> Die permanente Selbstoptimierung, die gänzlich mit der Optimierung des Systems zusammenfällt, ist destruktiv. Sie führt zu einem *Mentalkollaps*. Selbstoptimierung erweist sich als totale Selbstausbeutung. (Han 2014, 44)

Yakomoz kritisiert zudem ein Auswendiglernen, das wir heute getrost dem Computer überlassen können. Dieses ist eben etwas anderes als ein »to learn by heart«, auch wenn Übersetzer*innen uns etwas anderes glauben machen wollen: »Was bringt es mir, wenn ich sämtliche Formeln auswendig kenne, die ich jederzeit im Internet nachschlagen kann? Was bringt mir dieses detaillierte Wissen?« (Karakurt 2011, 3). Eine Anpassung ans System gelingt heute, da die Zeit noch wesentlich knapper geworden ist als zu Nietzsches ›Zeiten‹, nicht allen Schüler*innen, gerade jenen (vielleicht allzu engagierten) nicht, die meinen, in emsiger Manier alle vorgegebenen Standards erfüllen zu müssen: »Es sind die, die die Schule ernst nehmen« (ebd., 4), die unter diesem Diktat der permanenten Überwachung und den ständig optimierenden Fördermaßnahmen am meisten leiden: »Mein Kopf ist voll. Zu voll« (ebd., 3). Dass diese Entwicklungen hingenommen werden, liegt auch daran, dass unser Bildungssystem fremdgesteuert wird und das hier kritisierte Primat der Selbstoptimierung zum allgemein herrschenden Lebensprinzip geworden ist.

Die Totalisierung dieses gesellschaftlichen Paradigmas verdrängt alle anderen Lebensentwürfe, die Vergeudung von Zeit scheint nicht nur in der Schule im Zuge des verdichteten Lernens die schwerste aller Sünden zu sein, Eile ist zum Signum unserer Gesellschaft geworden:

> Die zeitlichen Zwänge, die wir heute erleben, die sich als Belastungs- und Überlastungsfaktoren auswirken können, sind Ausdruck der abstrakt-linearen Zeitordnung, die die Individuen zu einem zweckrationalen, kalkulatorischen und ökonomischen Zugriff auf Zeit drängt. (Ehling 2005, 87)

Die Geigerin Julia Fischer hat solch ein optimiertes und auf messbaren Output gerichtetes Lernen im Blick, wenn sie ein derartiges Investitionsmanagement kritisch beleuchtet:

Man hat angefangen, Schulen als Ausbildungsstätten zu sehen. Aber sie sollten für Bildung sorgen. Das bezieht sich nicht nur auf den Musikunterricht, sondern auf alle Fächer. (Fischer 2013, 185)

Schule erklärt sich zur »Ganztagsschule« und macht sich damit zum Lebensinhalt, als ob der Tag mit dem Nachmittagsunterricht nicht beendet sein könnte. Früh gleicht sich hier das menschliche Leben dem maschinellen Arbeitsprozess und seinem Funktionieren an: »Feedbacksysteme, Evaluationen und Beratungsgespräche ergänzen die permanente Kontrolle und befördern das öffentliche Bekenntnis, an sich arbeiten zu wollen, um noch besser zu werden« (Dörpinghaus/Uphoff 2012, 146). Pausen werden nur geduldet, um sich vom Lernen zu erholen, um sich dem Lern- bzw. Arbeitsprozess wieder zur Verfügung zu stellen:

> Es geht um die Entwicklung hin zum oberflächlichen Wissen, das zur Schau gestellt wird, um wenigstens intellektuell geadelt zu sein. Bildung ist ein Statussymbol. Gehäuftes Wissen ohne Verstand. Man hat eben die Weltliteratur im Bücherschrank, die Kunst schläft unter dem Kopfkissen – bleibt aber auch dort. Bildung ist zur Halbbildung geworden, und diese zeigt sich als eine Zuwendung zur Welt, die keiner vertieften Arbeit mehr bedarf, den *eros* nicht kennt. (ebd., 148)

Musikunterricht wird hier als ein ästhetisch-dekorativer Gegenpol gerne angenommen, wird im geheiligten Triumvirat der Kernfächer gar selbst zur Pause oder zumindest als eine solche wahrgenommen. Sollte er hier den Anspruch erheben, es der Fronarbeit in den ›harten‹ Fächern gleichzutun, in reibungslosen Lernprozessen ein messbares und objektivierbares Wissen einfordern und sich in die neue heilsökonomische Tradition der Rastlosigkeit einreihen? Oder gilt es gerade hier mit Nietzsche zu denken, um den Überreizungen der Schule mit einem anderen Weltzugang zu begegnen:

Wie ich nach Pforta kam, hatte ich so ziemlich in die meisten Wissenschaften und Künste hineingeguckt und fühlte eigentlich für alles Interesse, wenn ich von der allzu verstandesmäßigen Wissenschaft der mir allzu langweiligen Mathematik absehe. Gegen dieses planlose Irren in allen Gebieten des Wissens empfand ich aber mit der Zeit einen Widerwillen; ich wollte mich zu einer Beschränkung zwingen, um einzelnes gründlich und innerlich zu durchdringen. [...] Jetzt, wo ich im Begriff bin, auf die Universität zu gehn, halte ich mir als unverbrüchliche Gesetze für mein ferneres wissenschaftliches Leben vor: die Neigung zu einem verflachenden Vielwissen zu bekämpfen, sodann meinen Hang, das einzelne auf seine tiefsten und weitesten Gründe zurückzuführen, noch zu fördern.« (Nietzsche 1973 [1954], 117 f.)

Was Nietzsche bereits in seinen Schulreden kritisiert, dürfte 150 Jahre später ähnlich gesehen werden und darf als ein weiterer Beleg für die These gelten, dass Schulen »über Jahrhunderte, zum Teil über mehr als tausend Jahre« ihre »curriculare und unterrichtsmethodische Kontinuität gewahrt« (Meyer 1987, 91) haben, auch wenn bei Nietzsche die Uhren noch langsamer getickt haben dürften:

Aus Mangel an Ruhe läuft unsere Civilisation in eine neue Barbarei aus. Zu keiner Zeit haben die Thätigen, das heisst die Ruhelosen, mehr gegolten. Es gehört desshalb zu den nothwendigen Correkturen, welche man am Charakter der Menschheit vornehmen muss, das beschauliche Element in grossem Maasse zu verstärken. (Nietzsche 1999 [1878], 232)

Für Konrad Paul Liessmann verkommt unser Reden von der »Wissensgesellschaft« zu einer rhetorischen Geste, die längst nicht mehr von den Ideen unserer klassischen Bildungstheorien getragen werden. Reformen zielen für ihn auf eine Industrialisierung und Ökonomisierung der Bildung ab, womit das, was einmal unter dieser verstanden wurde, ins Gegenteil verkehrt wurde. Bildung leidet unter diesen Erschöpfungen und erscheint für Liessmann eher als eine Erscheinungsform von »Unbildung« (Liessmann 2008, 10):

Vieles, was so unter dem Titel der Effizienzsteigerung zur Reform des Bildungswesens unternommen wird, gehorcht schlicht dem Prinzip der Industrialisierung. Die vielgerühmte Modularisierung von Studien etwa stellt die Übertragung des Prinzips funktional differenzierter Fertigungshallen auf den Wissenserwerb dar, Stück für Stück werden Kurse und Lerneinheiten zu den Abschlüssen montiert. Auch die Einführung der ECTS-Punkte (Leistungspunkte) etabliert eine Norm

> zur Bewertung der Studienleistung, die bis in das Berechnungssystem diverser Industrienormen entspricht. (ebd., 41 f.)

Hans Werner Fuchs spricht inzwischen von einem »Weltcurriculum« für unsere schulische Bildung. Damit meint er weder den Erdkundeunterricht noch denkt er an Beethovens »Ode an die Freude«, die unsere Musikräume umspannt und alle Menschen zu Brüdern und Schwestern macht. Er wird damit zum Gewährsmann, dass die Muße nicht aufgrund eines fehlenden Schuljahrs und einer Schulzeitverdichtung abhandengekommen ist, sondern demaskiert damit einen längst abgeschlossenen Paradigmenwechsel: Das Lernen im Modus des Divertissements hat sich längst zu einem Lernen in den Zurichtungen der Etüden entwickelt:

> Durch die ›Rankinglisten‹ und das ›Benchmarking‹-System – beide sind typisch für das Bildungsindikatoren-Programm insgesamt – wird das für die Wirtschaft typische Denken in globalen Konkurrenzverhältnissen auf das Bildungswesen übertragen. Auf diese Weise wird die Vorstellung gefördert, dass der bei international-vergleichenden Leistungsmessungen erreichte Rangplatz mit der Position z.B. im weltweiten Vergleich der Exporterträge korrespondieren müsse; anderenfalls könne die nationale ökonomische Leistungsfähigkeit in Gefahr geraten. Insofern ist die PISA-Diskussion implizit auch Teil der Debatte um die Qualität Deutschlands als Wirtschaftsstandort. (Fuchs 2003, 173)

Über Musik und musikalische Bildung im (modernen) Überwachungsstaat

In seiner vieldiskutierten Schrift »Überwachen und Strafen« nennt Michel Foucault vier Institutionen im gleichen Atemzug, wenn er unsere Gesellschaft als eine des Disziplinierens ausmacht, das ist das Gefängnis, die Fabrik, das Militär und eben die Schule. Von musikalischen Ausbildungsstätten spricht er nicht, nach unseren eingehenden Vorbemerkungen bleibt es den geneigten Leser*innen jedoch selbst überlassen, diese hier geflissentlich mitzudenken. Foucault gründet die Beschreibung seiner Zeitplagen auf ein altes Erbe aus klösterlichen Gemeinschaften, in den Manufakturen des 17. Jahrhunderts sperre man die Arbeiter in »Kloster-Fabriken« ein: »Alle Personen, [...] die am Morgen zur Arbeit erscheinen waschen sich die Hände, opfern ihre Arbeit Gott auf, machen das Kreuzzeichen und beginnen dann zu arbeiten« (zit. n. Foucault 1994, 192). Die religiösen

Orden seien die Meister des Zeitmanagements, die Techniker der Rhythmisierung regelmäßiger Tätigkeiten:

> Die Verfahren der zeitlichen Reglementierung werden von den Disziplinen übernommen und modifiziert. Zunächst werden sie verfeinert. Man beginnt in Viertelstunden, Minuten, Sekunden zu rechnen. In der Armee führt man Zeitmessungen beim Schießen ein. In den Elementarschulen wird die Zeiteinteilung immer strenger; die Tätigkeiten werden aus nächster Nähe von Befehlen umdrängt, denen unmittelbar zu entsprechen ist. (ebd., 192 f.)

Das pädagogische Urmaß der 45-Minuten-Stunde wurde also nicht von Erziehungspraktiker*innen erfunden. Auch die Haltung des Körpers, der Glieder bis hin zu den einzelnen Gelenken, wird genauestens festgelegt. Dass es sich hier um ein altes Erbe handelt, verdeutlichen die Ausführungen von Johannes Baptist de La Salle in seiner Schrift »Conduite des Écoles chrétiennes« (1828). Individuelle Momente – wie wir sie bis heute nur aus den Bebilderungen von Reformschulen kennen, wenn Schüler*innen in einer ihnen angemessenen Haltung, teils auf dem Boden liegend, sich den dann auch noch unterschiedlichen Dingen zuwenden – sind nicht vorgesehen, um zu gewährleisten, dass das obligatorische Programm auf die für alle gleiche Weise durchgearbeitet wird. Es »formiert sich ein anatomisch-chronologisches Verhaltensschema« (ebd., 195):

> Um gut zu schreiben, ist es notwendig, daß man sich in einer bequemen und in der dazu passenden Lage befindet. Man muß den Körper gerade halten, ein wenig nach der linken Seite geneigt und nur ein wenig vorgebeugt, und zwar so, daß, wenn man den Ellenbogen auf den Tisch setzen würde, das Kinn sich auf die Faust stützen könnte, vorausgesetzt, daß die Beschaffenheit des Auges dies gestattet. Das linke Bein muß unter dem Tische um etwas weiter vorgestreckt werden, als das rechte. Die Leichtigkeit im Schreiben sowohl als die Gesundheit der Kinder macht es notwendig, daß sie sich mit der Magengegend nicht an den Tisch anlehnen. Der rechte Arm muß vom Körper etwa drei Fingerbreiten entfernt sein und vom Tische beiläufig fünf Fingerbreiten abstehen, der linke Ellenbogen auf dem Rande des Tisches und die Hand auf dem Papiere ruhen. (zit. n. ebd., 195 f.)

Kontrapunktieren lässt sich dieser museale Erziehungsratgeber mit einem Update aus dem Jahr 2008, einer Handreichung der Deutschen Gesetzlichen Unfallversicherung, um zu zeigen, dass sich an den Vorstellungen zur Herstellung einer wirksamen Lernhaltung wenig geändert hat:

> Die Füße berühren im Sitzen den Boden mit der ganzen Sohle, die Oberschenkel liegen waagerecht auf der Sitzfläche auf. Der Winkel zwischen Unter- und Oberschenkel beträgt etwa 90 Grad. (DGUV 2008, 11)

Auch Pianist*innen sind Teil einer entfremdeten Tätigkeitskette geworden, seitdem das Saiteninstrument zur Tastenmaschine wurde und die menschliche Hand zu einem optimierten Partikel einer solchen geworden ist und der Arm zur Hammermaschine wurde. Wer als Pianist*in dann noch im Umfeld der preußischen Rekruten aufwuchs, durfte erleben, was man im aufstrebenden Kaiserreich unter musikalischer Bildung verstand:

> Ist nicht der preußische Schullehrer in den letzten Jahren zu hohen Ehren gekommen, als der Grundstein jener Bildung, in welcher, neben der Disziplin, die Hauptstärke des glorreichen Heeres beruht, das Geheimnis jener Aufopferung, Ausdauer, Selbstbeherrschung? Und sollte nicht der deutsche Musiker, wenn er seine Mission recht versteht, auch im kleinen Bildungskreise mithelfen können zur wahren Bildung seiner Nation? (Ehrlich 1872, 73)

Heinrich Ehrlich, Klavierlehrer am Sternschen Konservatorium, hat in der Zeitschrift »Der Klavierspieler« (1878) genau diese Tugenden an den preußischen Rekruten beobachtet, »wenn sie marschiren lernen«, und dabei »das Bein mit scharf angezogenem Knie in die Höhe heben und eine Zeit lang in dieser Stellung halten müssen« und dabei die Schritte in ihre Einzelteile zerlegen:

> Aber gerade dieses Exercitium verleiht dem Preussischen Soldaten die Festigkeit und Ausdauer beim Maschiren; gerade weil ihm beim langsamen Ueben solche Kraftanstrengung aller Fuss-Muskeln auferlegt wird, vermag er später bei der schnelleren Ausführung die Schwierigkeiten eines langen und ermüdenden Marsches um so leichter überwinden [...]. So auch, wenn der Klavierspieler beim langsamen Ueben, die schwerste, seine Kräfte anspannende und konzentrirende Methode anwendet, wird er seine Fingermuskeln in hohem Grade stärken und bei der Ausführung alle Schwierigkeiten mit grösserer Sicherheit und Leichtigkeit überwinden. (zit. n. Gellrich 1990, 115 f.)

Über die (Un-)Möglichkeit, ein Paradox in Harmonien aufzulösen

Ist es nicht müßig, in den hier beschriebenen und vorgegebenen Grenzen über Muße und Räume ihrer Entfaltung nachzudenken? Schließlich gilt es für alle, die sich mit Musik auseinandersetzen möchten, mußefeindliche Mittel interessegeleitet so einzusetzen, dass der Gegenstand des Interesses, also die Muße, nicht zerstört, sondern in ihrer Eigenart erhalten bleibt. Das gilt für Konzertpianist*innen, für Höhere Töchter und ihre inzwischen hinzugetretenen Brüder, deren Zinnsoldat*innen selbst auf Trödelmärkten keine Liebhaber*innenpreise mehr erzielen dürften, das gilt für den Musikunterricht in den Orten der Muße, die sich nun »allgemeinbildend« nennen, – weil wir nun glücklicherweise nicht mehr in einer Sklav*innengesellschaft leben, die zwischen Tätigkeitsfeldern zweckgerichteter Arbeit und Räumen zweckfreien Müßiggangs unterscheidet. Und ist der Drang zur Selbstoptimierung der Musiker*innen nicht geradezu eine Voraussetzung dafür, dass Kunst uns in solche Räume der Muße entführen kann? Nach den Erfolgsbedingungen seiner musikalischen Karriere befragt, antwortet Claudio Arrau: »Selbstvertrauen, Selbstvertrauen, Fleiß und Arbeit,– sehr viel Arbeit, sehr viel Fleiß« (Wehmeyer 1983, 159).

Peter Röbke spricht hier von einer instrumentalpädagogischen Dilemmasituation:

> Wir wollen Menschen dazu bringen, sich technische Fertigkeiten anzueignen, deren Sinn und Nutzen aber erst wirklich einsehbar ist, wenn sie damit schon Musik machen könnten, was sie aber erst wirklich könnten, wenn sie über diese Fertigkeiten schon verfügen würden [...]. Wenn wir über die Studienwerke Ševčíks und Hanons hinausblicken und die unterrichtliche Praxis um die Wende vom 19. zum 20. Jahrhundert insgesamt in Augenschein nehmen, eine Praxis, die nicht nur die Fingerbewegungskompendien zur Basis hat, sondern überdies von allgemeiner Disziplinierung und tiefer Körperfeindlichkeit geprägt ist, dann liegt der Verdacht nahe, dass in diesem Fall der versuchte Ausweg aus dem Dilemma schlicht darin bestand, die musikalischen Neigungen und Bedürfnisse der Schüler, deren musikalische Empfindungen und Ausdruckslust vollständig zu ignorieren! (Röbke 2009, 14 f.)

Diese Dilemmasituation wird in einer zwar in die Jahre gekommenen aber heute durchaus noch gebräuchlichen »Violinschule Hohmann Heim« nicht so gesehen, wenn es im Vorwort der Erstausgabe (1835) heißt: »Also frisch ans Werk! Die Arbeit ist sauer, der Weg ist weit, aber das Ziel ist ein hehres, herrliches, ideales« (zit. n. Röbke 2009, 15). Schüler*innen fühlen sich wie der junge Nietzsche geradezu dazu herausgefordert, Auslagerungsstrategien einzusetzen, um jenseits der unterrichtlichen Verordnungen auch Musik zu machen. Und diese Auslagerungen sind besonders dort gut möglich, wo Kinder in Musiker*innenfamilien fest in das Musizieren eingebettet sind.

Es wurde bereits hinlänglich beschrieben, dass die Arbeit als höchster Wert eines aufstrebenden Bürger*innentums deklariert wurde: »Da die kapitalistische Arbeitsideologie in der Wirtschaft, der Industrie und der Wissenschaft noch voll akzeptiert wird, ist sie auch in der Kunstausübung uneingeschränkt in Kraft« (Wehmeyer 1983, 163). Als Leibeigene eines geheiligten Urtextes wurde für die Interpret*innen die Arbeit am Werk zur Fronarbeit. Solch eine Werktreue erfordert schließlich absoluten Gehorsam, geht es doch in der Kunst um die penible Erfüllung einer Partitur, ganz gleich ob man sich am Wohltemperierten Klavier als Altes Testament oder am Neuen Testament der Klaviermusik in Gestalt der Sonaten Beethovens versucht (Hans v. Bülow). Nur das Üben ist gottgefällig. Erscheint uns die Kunst in solch einer religiösen Überhöhung – und im Musikstudium gibt es manche Lehrer*innen, die sich gerne noch selbst mit diesem göttlichen Anspruch überhöhen –, stellt sich die Frage nach eigenen Zielvorgaben, nach eigenen Wegen, die wir einschlagen, nicht mehr.

In der Kunst sind solche stromlinienförmigen Prozesse in den beschriebenen Systemen der Zweckbestimmung eigentlich nicht angesehen. In der Kunst lässt sich die Welt auch nicht nach vorgegebenen Mustern ablegen. Letztlich sind alle mußefeindlichen Mittel, mit denen man glaubt, der Kunst nahe zu kommen, auch kunstfeindliche Maßnahmen, die eher den Ideologien unserer irdischen Gestimmtheiten geschuldet sind. Für die (Wieder-)Herstellung einer Welt, in der es zu leben lohnt, ist die Göttin Mnemosyne anzurufen, damit sie uns mit ihren Töchtern daran erinnert, dass Musik eine Musentechnik ist und dass eine solche im Dienste der Künste nur in Räumen der Muße gelingen kann.

Literatur

Ferruccio *Busoni* (2013) [1907], Entwurf einer neuen Ästhetik der Tonkunst, zit. nach der Neuausgabe der 2. Auflage [1916]. Bremen

Deutsche Gesetzliche Unfallversicherung (DGUV) (2008), richtig sitzen in der Schule. Mindestanforderungen an Tische und Stühle in allgemein bildenden Schulen. Selbstverlag

Andreas *Dörpinghaus*, Ina Katharina *Uphoff* (2012), Die Abschaffung der Zeit. Wie man Bildung erfolgreich verhindert. Darmstadt

Arnfried *Edler* (2002), Virtuose und poetische Klaviermusik, in: Sabine *Ehrmann-Herfort*, Ludwig *Finscher*, Giselher *Schubert* (Hg.), Europäische Musikgeschichte, Bd. 2. Kassel/Stuttgart, 705–762

Arnfried *Edler* (2003), Gattungen der Musik für Tasteninstrumente, Band 7, Teilband 2. Laaber

Manfred *Ehling* (2005), Zeit für Freizeit und kulturelle Aktivitäten. Ergebnisse aus Zeitbudgeterhebungen, in: Institut für Kulturpolitik der kulturpolitischen Gesellschaft (Hg.), Jahrbuch für Kulturpolitik 2005. Bonn/Essen, 87–97

Heinrich *Ehrlich* (1872), Schlaglichter und Schlagschatten aus der Musikwelt. Berlin

Julia *Fischer* (2013), Klassische Musik nicht vereinfachen. Fragen an Julia Fischer über Konzerte, Musik und Bildung, in: Forschung und Lehre, Heft 3, 185

Michel *Foucault* (1994) [1975], Überwachen und Strafen. Die Geburt des Gefängnisses. Frankfurt am Main

Hans-Werner *Fuchs* (2003), Auf dem Weg zu einem Weltcurriculum? Zum Grundbildungskonzept von PISA und der Aufgabenzuweisung an die Schule, in: Zeitschrift für Pädagogik, Heft 2, 161–179

Hans-Georg *Gadamer* (1993), Die Vielfalt der Sprachen und das Verstehen der Welt, in: ders., Gesammelte Werke, Bd. 8. Tübingen, 339–349

Martin *Gellrich* (1990), Die Disziplinierung des Körpers. Anmerkungen zum Klavierunterricht in der zweiten Hälfte des 19. Jahrhunderts, in: Werner *Pütz* (Hg.), Musik und Körper. Essen, 107–138

Norbert *Grabwosky* (1900), Wider die Musik! Die gegenwärtige Musiksucht und ihre unheilvollen Wirkungen. Leipzig

Byung-Chul *Han* (2009), Duft der Zeit. Ein philosophischer Essay zur Kunst des Verweilens. Bielefeld

Byung-Chul *Han* (2014), Psychopolitik. Neoliberalismus und die neuen Machttechniken. Frankfurt am Main

Eduard *Hanslick* (1884), Ein Brief über die »Clavierseuche«, in: Die Gartenlaube, Heft 35, 572–575

Martin *Heidegger* (2006), Sein und Zeit. Tübingen

Curt Paul *Janz* (1981), Friedrich Nietzsche. Biographie. Band 1. München

Yakomoz *Karakurt* (2011), Mein Kopf ist voll!! Selbst gute Schüler wollen länger lernen, in: Diskussion Musikpädagogik, Heft 52, 3–4

Heinrich Adolf *Köstlin* (1879), Die Tonkunst. Einführung in die Aesthetik der Musik. Stuttgart

Kultusministerium Baden-Württemberg (Hg.) (1958), Bildungsplan für die Volksschulen in Baden-Württemberg. Villingen

Fanny *Lewald* (1980 [1861–63, 6 Bde]), Meine Lebensgeschichte. Gekürzter Neudruck, hg. und eingeleitet von Giesela Brinker-Gabler. Frankfurt am Main

Konrad Paul *Liessmann* (2008), Theorie der Unbildung. Die Irrtümer der Wissensgesellschaft. München

Wolf *Lotter* (2020), Zusammenhänge. Wie wir lernen, die Welt wieder zu verstehen. Hamburg

Niklas *Luhmann* (2002), Das Erziehungssystem der Gesellschaft. Frankfurt a. Main

Adolph Bernhard *Marx* (1850), Allgemeine Musiklehre, 4. verb. Auflage. Leipzig

Hilbert *Meyer* (1987), Unterrichtsmethoden II, Praxisband. Berlin

Friedrich *Nietzsche* (1973 [1954]), Autobiographisches aus den Jahren 1856–1896, in: ders., Gesammelte Werke in drei Bänden, hg. v. Carl *Schlechta*, Bd. 3. München, 7–144

Friedrich *Nietzsche* (1988 [1872]), Ueber die Zukunft unserer Bildungsanstalten. Sechs öffentliche Vorträge, in: Die Geburt der Tragödie; Unzeitgemäße Betrachtungen I–IV; Nachgelassene Schriften 1870–1873 (= Sämtliche Werke. Kritische Studienausgabe, hg. von Giorgio *Colli* und Mazzino *Montinari*, Bd. 1). München, 641–763

Friedrich *Nietzsche* (1999 [1878]), Menschliches, Allzumenschliches I und II (= Sämtliche Werke. Kritische Studienausgabe, hg. von Giorgio *Colli* und Mazzino *Montinari*, Bd. 2). München

Peter *Röbke* (2009), Lösung aller Probleme? Die »Entdeckung« des informellen Lernens in der Instrumentalpädagogik, in: Peter *Röbke*, Natalia *Ardila-Mantilla* (Hg.), Vom wilden Lernen. Mainz, 11–29

Peter Röbke (2012), Musizieren als Affektgestaltung. Anmerkungen aus der Sicht eines Musizierenden, in: Kultur der Gefühle. Wissen und Geschlecht in Musik Theater Film, hg. von Andrea *Ellmeier*, Doris *Ingrisch*, Claudia *Walkensteiner-Preschl* (mdw Gender Wissen Bd. 3). Wien, 49–69

Hartmut *Rosa* (2005), Beschleunigung. Die Veränderung der Zeitstrukturen in der Moderne. Frankfurt am Main

Richard *Sennett* (2008), Handwerk. Aus dem Amerikanischen von Michael Bischoff. Berlin

Peter *Sloterdijk* (2011), Du mußt dein Leben ändern. Über Anthropotechnik. Frankfurt am Main

Jürgen *Straub* (2019), Das optimierte Selbst. Kompetenzimperative und Steigerungslogiken in der Optimierungsgesellschaft. Gießen

Grete *Wehmeyer* (1983), Carl Czerny und die Einzelhaft am Klavier oder die Kunst der Fingerfertigkeit und die industrielle Arbeitsideologie. Kassel

Katja Rothe

Muße – Doing Loss im Fortschrittsmodell

Die Zeit scheint zu rasen, immer neue Konzepte und Ideen, Situationen und Projekte wechseln sich ab. Entgrenzung, Effizienz, Optimierung und Ökonomisierung prägen das Leben gerade auch von Künstler:innen und Wissenschaftler:innen, die als ›Kreativsubjekte‹ die Idealsubjekte der spätmodernen Gesellschaft darstellen zu scheinen, ja – so Reckwitz – gar eine neue Form der Mittelklasse (die akademische Klasse) inspiriert haben (Reckwitz 2019). Diese kulturkritische Perspektive auf die gegenwärtige Gesellschaft lässt gleichzeitig die damit verbundenen Zivilisationskrankheiten – Depression, Burnout usw. – als auch die Bemühungen, diesen zu begegnen, in den Blick geraten (Rothe 2012, 2021). Entspannungsprogramme, Therapien, Wellness – die akademische Klasse sorgt sich um sich.

Wenn die Frage nach den Auswegen aus den Hamsterrädern der neoliberalen Produktionszwänge und Vereinnahmungsmechanismen wiederum mit der Frage nach der Muße als Konzept der »produktiven Unproduktivität« (Cheauré/Dobler 2019, 9) gekoppelt wird, dann erinnert bereits die antiquierte Begrifflichkeit (Muße, Musen) an einen imaginierten Zustand des derzeit Verlorenen. In dem der Ringvorlesung vorangestellten Ankündigungstext heißt es:

> Konzepte wie das der Muße – innere Ruhe und Ort der Möglichkeiten, an dem Raum und Zeit nicht mehr die Koordinaten des Seins bestimmen, – sind in der westlichen Welt nahezu aus dem Denken verschwunden.[1] (Dobler/Riedl 2017, 1)

Das Verschwundene der westlichen Welt – die Muße – wird darin mit der Frage nach dem unter den gegenwärtigen Bedingungen (un)möglichen Ort der ›Inspiration‹ verbunden. Gegenwärtige Überforderung und nostalgische oder utopische Möglichkeitsräume treten in ein Spannungsverhältnis.

Im Folgenden möchte ich die Muße als eine Praxis der akademischen Klasse beleuchten, die sowohl einen Ort jenseits der neoliberalen Verwertungsmaschinerie als Verlust markiert, als auch das Fortschrittsnarrativ des sich selbst entfaltenden Subjekts am Laufen hält, wodurch wiederum Verlusterfahrungen produziert werden. Das »Doing Loss« (Reckwitz 2021) der Muße zielt dabei auf die Selbstentfaltung spätmoderner Subjekte, wobei das gegenwärtig vor allem eine Sensibilisierung für Gefühle bedeutet, und zwar für positive Gefühle. Nachdem ich kurz die Begriffe von Muße und Entfremdung skizziere, indem ich sie historisch im westlichen Denken verorte, möchte ich mit Andreas Reckwitz auf eine Neubewertung der hier beschriebenen Denkmuster im Sinne einer Soziologie des Verlustes eingehen (Reckwitz 2021), bevor ich mit Berlant nach einer queer-feministischen Umdeutung der Muße-Praktiken frage.

Zum Begriff der Muße

Der Begriff der Muße ist im europäischen Alltagsbewusstsein mit auf der Antike fußenden Praktiken der kontemplativen Innenschau verbunden, die erst in zweiter Instanz auf eine sinnvolle Produktion abzielt (Cheauré/Dobler 2019). Diese Praktiken hatten a) infrastrukturelle, räumliche (wie der Wandelhalle des Aristoteles, dem Peripatos, also Bildungseinrichtungen[2] oder der römischen Villa, Badeanstalten, später im Mittelalter die monastischen Architekturen des Rückzugs usw.) und b) hygienische Voraussetzungen (diverse Übungen und Anleitungen zur Selbstsorge wie zur Meditation). Ziel war es sich selbst körperlich wie geistig von den Stätten des gedankenlosen Treibens der Welt abzugrenzen. Allein die Eröffnung dieser Möglichkeitsräume bedarf des Privilegs. Darauf verweisen auch verschiedene Etymologien. Der deutsche Begriff Muße bezeichnet »eigentlich einen ›Zustand, der einem die Möglichkeit bietet, etw. zu tun‹« (Pfeifer 1993), und zwar jenseits von Arbeit und Sorge. Im Mittelhochdeutschen ist der »müeȝecgenger« einer, der »durch ein standesgemäßes Vermögen berechtigt ist, kein Handwerk oder Gewerbe zu treiben« (ebd.). Muße bezeichnet ein Privileg qua Stand und Besitz. In der römischen Antike sprach man von lateinisch »otium«. Allerdings weist Franziska Eickhoff in ihrer ausführlichen Studie zum Begriff otium und seinem Bezug zur Muße darauf hin, dass beide Begriffe eher schillernd sind, sie sich zudem historisch als wandelbar erweisen und letztlich immer kontextuell zu erschließen seien (Eickhoff 2021, 1 f.). Dennoch macht auch sie eine Gemeinsamkeit der Begriffe aus: »Die Kernbedeutung von otium liegt, das ist bekannt, in der Abwesenheit von etwas [...] [und zwar] Abwesenheit von Bedrohung, Unruhe und sozialer und ziviler Verpflichtung« (ebd., 3). Das kann sowohl negativ wie positiv gedeutet und begrifflich kontextualisiert sein, aber an dieser Stelle möchte ich diesen Vorschlag aufgreifen und die grundsätzliche Abwesenheitserfahrung belastenden Weltbezugs und (Care-)Arbeit als Denkmuster hervorheben, welches Muße wie otium prägen. Dieses Muster ist von Dichotomie geprägt, denn die »Abwesenheit von«, setzt eben ein Abzugrenzendes voraus: Arbeit, Mühe, Leiden, Care, was sich auch in den entsprechenden Begriffspaaren ausdrückt: otium – *negotium*, σχολή – ασχολία (Muße – Arbeit, Beschäftigung).

Diese Formen des möglichen Verlustes (von Freiheit, Möglichkeiten, dem Leben, Sicherheit usw.) benötigen Infrastrukturen. In der griechischen Antike ist dem Begriff *scholē* bereits eine örtliche Definition eingeschrieben, denn er bezeichnet auch den Ort der ruhevollen Kontemplation, die Schule, in der die Epheben, also die jungen Männer der Oberschicht, sich ihrer schöngeistigen Ausbildung hingaben. Günter Figal, Hans Hubert und Thomas Klinkert (ebenfalls aus dem Freiburger Sonderforschungsbereich zur ›Muße‹) bezeichnen die Räumlichkeit sogar als zentrales Element des Muße-Begriffs. »Im Verweilen tritt das Nacheinander der Zeit zurück, während der Raum mit seinen Ordnungen des Nebeneinander bestimmend wird.« (Figal/Hubert/Klinkert 2016, 1). Der Zeit zu entfliehen, dem Ablauf des Tages mit all seinen Beschäftigungen, Wandlungen und Nöten, braucht es Schulen, Klöster, Villen, Museen, Bäder usw. Die Abwesenheit oder doch Eindämmung der zeitlichen Ordnung garantiert eine manifeste Räumlichkeit, die eine Absonderung erlaubt. Auch hier schwingt eine Privilegiertheit mit. Es ist möglich, sich gegen die Bedrohungen permanenten Eingebundenseins in den Wandel der Welt abzugrenzen, sich Freiräume zu gönnen.

Es ist klar, dass sich solche dichotomen Orte der »Abgrenzung von« einer ständigen Bedrohung ausgesetzt sehen, von den anderen, den Arbeitenden, Sklav:innen, Frauen, Fremden, dem Außen, der Welt. Sie können aber auch von innen her, selbst bedrohliche Orte werden, so legt es zumindest die protestantische Ethik nahe, in der die Arbeit zum zentralen Moment wird und somit die Orte der Muße zum potenziellen Hain einer Todsünde verkommen können, dem Müßiggang, der Faulheit, dem ausschweifenden Leben. Die Orte der Muße schaffen sich gleichzeitig zum Versprechen eines Austretens aus der Welt eine Bedrohung durch die Welt, es droht der ständige Verlust des sittlichen Lebens. Worauf man einerseits mit der Errichtung steinerner Bauwerke, andererseits mit dem Entwurf zahlreicher Handreichung zur Erhaltung des guten Lebens reagiert. So prägen beispielsweise monastische Ordnungen umfängliche Regelwerke, die die Lebensführung innerhalb der Muße-Orte regulieren sollen. Bereits in der Antike sind zudem Muße und Hygiene – also die Kunst der Gesundheit – eng miteinander verknüpft, so jedenfalls legt es Foucault nahe. (Foucault 1995, 125–180) Die »Abgrenzung von« im Denkmuster der Muße ist eben auch eine Abgrenzung von der eigenen Umtriebigkeit und Verletzlichkeit des Körpers.

Folgt man Foucault in seinen späten Ausführungen zu den antiken und mittelalterlichen Selbsttechniken gestatten körperliche (Gymnastik, Diäten, Askese usw.) Praktiken einer strengen Lebensführung innerhalb der Orte der Muße die Entstehung von je spezifischen Subjektivierungsweisen. Die »Umbildung des Individuums« (Foucault 2004, 169) im Rahmen dieser Techniken ermöglicht es, dass das Ich sich abgrenzen kann von den eigenen Begierden und Leidenschaften, aber auch von anderen mit weitaus weniger weiser Lebensführung, von der Sklaverei der Arbeit und der Lüste (Foucault 1995, 106). Wobei diese von der Antike bis zur Aufklärung währende »differenzierte Aufmerksamkeit dem eigenen Körper gegenüber nur die Sorge einer sehr kleinen Schicht reicher Bürger und Adliger sein konnte« (Sarasin 2001, 37f.). Die hygienische Regulierung des »Verhältnis[ses] des Menschen zu den materiellen Bedingungen seiner Existenz« (Sarasin 2001, 17) aber wird von Foucault, wie im Anschluss daran auch von Sarasin, nicht als Disziplinierung gedacht (Sarasin 2001, 23 f.), vielmehr sei es

> klar, dass die ›Diät‹[3] als Lebensweise, eine fundamentale Kategorie ist, in der menschliche Lebensführung gedacht werden kann; sie charakterisiert die Weise, in der man seine Existenz führt, und ermöglicht es, die Lebensführung mit Regeln auszustatten […]. (Foucault 1995, 131)

Die hygienischen Praktiken zielen darauf ab, sich selbst als frei und verantwortlich gleichermaßen zu definieren, und zwar in Bezug auf sich selbst als auch auf die Führungsrolle innerhalb der Gesellschaft, die man einnimmt oder einnehmen wird, »der Herr seiner selbst und der anderen formiert sich in einem« (Foucault 1995, 103).

Die Formen der Abwesenheit von muße-feindlichen Zuständen kann man auch als eine Form der positiven Freiheit begreifen, die entgegen der Einschränkungen des gesellschaftlichen Lebens Autonomie ermöglicht. Muße als Form der negativen Freiheit bezieht sich hierbei auf eine Potentialität, auf ein mögliches Werden eines souverän gedachten, männlichen, privilegierten Subjektes – eine Potentialität, die in Richtung Aktualisierung gedacht ist.

> In dieser Männermoral, die für Männer gemacht ist, besteht die Erarbeitung seiner selbst als Moralsubjekt darin, von sich selber zu sich selber eine Struktur von Männlichkeit zu errichten: indem man im Verhältnis zu sich Mann ist, wird man die Mannestätigkeit kontrollieren und meistern können, die man in der sexuellen Praxis anderen gegenüber ausübt. (Foucault 1995, 110)

Denn das männliche Subjekt der Muße in der Polis strebt danach, Subjekt über Selbstbeherrschung zu werden, was wiederum zu Beherrschung anderer legitimiert (vgl. Foucault 1995, 109).

Diese kleine und sicherlich sehr grobschematische Exkursion rund um den Begriff der Muße ergibt ein bestimmtes Denkmuster, das dem Begriff der Muße möglicherweise bis heute zugrunde liegt. Der Begriff scheint eine räumlich grundierte Logik der »Abwesenheit von« aufzurufen und damit zugleich den Gegenpol, das, was möglichst draußen zu halten ist (in der Antike Sklaverei, Arbeit, Frauen, usw.) vorauszusetzen. Muße bedarf einer infrastrukturellen Einhegung wie eines Sets an körperlichen wie mentalen (oder mental-somatischen) Praktiken der Lebensführung, die innerhalb der Muße bestimmte Formen von Subjektivierung erlauben, die ein Verhältnis zur materiellen Existenz des Einzelnen herstellen. Dabei ist diese räumlich-hygienische Infrastrukturierung der Muße zumindest bis hinein ins 21. Jahrhundert klar von Privilegien abhängig, von dem Privileg, ein männlicher Stadtbürger der Polis zu sein, einem bestimmten Stand anzugehören oder noch im 20. Jahrhundert sich einer bürgerlichen Lebensweise im europäischen oder US-amerikanischen (Stadt-)Raum zu erfreuen. Muße-Praktiken sind Teil der Konstituierung des männlichen, souveränen Subjekts, das sich in der Dynamik von negativer und positiver Freiheit der eigenen Handlungsfähigkeit versichert, und zwar in klarer Abgrenzung von denen, die unfrei sind.

Kann man dieses Grundmuster der Muße nun auf die Spätmoderne übertragen? Was wünschen wir uns, wenn wir nach der Muße rufen? Welche Denkmöglichkeiten und -unmöglichkeiten handeln wir uns ein? Wie sind die Sehnsuchtsorte strukturiert, welche Aus- und Einschlüsse regeln sie?

Doing Muße und die Fantasie von der fortschreitenden Selbstentfaltung

Um diese Fragen diskutieren zu können, ist es an der Zeit in das Hier und Jetzt zu springen. In den gegenwärtigen Publikationen zur Muße, beispielsweise im Umfeld des Freiburger Sonderforschungsbereiches, aber auch in der Soziologie z.B. bei Hartmut Rose findet sich eine Verkopplung des Begriffs der Muße mit einer Erfahrung, die bis in die 1970er Jahre hinein als Entfremdung bezeichnet wurde, bevor man den Begriff mied. Die kritische Haltung gegenüber der Entfremdung entsprang einerseits deren massenhaften Anwendung und damit des

Verlustes von Zielschärfe, die andererseits dem Begriff – so Jaeggi – sowieso nie innewohnte (Jaeggi 2005, 21 f.). Allerdings benennt Rahel Jaeggi dennoch einen gemeinsamen Nenner all der schillernden Ausdeutungen von Entfremdung: Das Entfremdete ist dasjenige, was »sich von etwas entfernt haben [muss]« (Jaeggi 2005, 7). Entfremdung – ein modernes Phänomen – taucht in Gestalten des Verlustes auf z.B. von Authentizität, Selbstbestimmung, Werten, Freiheit, Kontrolle, Sinn, eines Bezugs zur Welt, zur eigenen Arbeit, Familie usw. Dennoch verlor der Begriff – wie gesagt – seit den 1970ern an Schlagkraft. Seit den 2000er Jahren wurde zögerlich versucht, den Begriff in soziologischen Forschungen zu rehabilitieren (Rosa 2016, Jaeggi 2005, Zima 2014, zuletzt Reckwitz 2019), der Erfolg scheint allerdings auszubleiben. Andreas Reckwitz schlägt deshalb vor, stattdessen über eine Soziologie des Verlusts nachzudenken, die eher praxeologisch ausgelegt ist (Reckwitz 2021).

Ich hatte bereits die Wichtigkeit der Praktiken im Kontext der Muße betont und so scheint es mir angebracht, die Erfahrung, die heute die Forderung nach Muße begleitet, als eine Verlusterfahrung in den Blick zu nehmen und danach zu fragen, wie sich die Praktiken von Muße und Verlust zueinander verhalten. Es scheint offensichtlich, dass ein auf Arbeit fokussierter bürgerlicher Kapitalismus der Muße wenig Raum einräumt und somit Freiräume zu Sehnsuchtsorten werden.

Reckwitz stellt seinem »Entwurf einer Soziologie des Verlusts« die Feststellung voran, »dass die Verlusterfahrungen als solche, für ein Verständnis moderner Gesellschaften von zentraler Bedeutung sind« (Reckwitz 2021). Dies begründet er mit der modernen Zentrierung auf den Fortschritt. Das Ordnungssystem des Fortschritts ist auf »Strukturwandel [...] zum Besseren« angelegt und »für die meisten sozialen Felder und Lebensformen der Moderne vom Beginn bis heute prägend« (Reckwitz 2021). Dieses »Modell der normativen Verbesserung« (Reckwitz 2021) produziert gewissermaßen in seinem Fahrwasser Verlusterfahrungen, die in diesem Modell allerdings nur unter bestimmten Bedingungen überhaupt gesehen und als legitim empfunden werden können. »Verluste [werden] für die moderne Gesellschaft tendenziell unsichtbar gemacht« (Reckwitz 2021), schreibt Reckwitz. Und weiter: »Verluste kann es im Deutungsrahmen des Fortschritts streng genommen gar nicht geben« (ebd.). In den Künsten ist dieses Phänomen ebenso bekannt wie in der Wissenschaft, in der Ökonomie und Politik. In den darstellenden Künsten äußert sich diese »Verlustvergessenheit« (Reckwitz 2021) beispielsweise in den Programmen von Häusern, deren Fokussierung auf immer neue, jüngere, diversere, aktuell-thematische Stücke, die den Zuschauenden entweder das Gefühl geben am Zahn der Zeit zu sein oder eben nicht mehr mitzukommen. In der Wissenschaft wohl bekannt, ist die rasend schnelle Abfolge von immer neuen Drittmittelprojekten mit dem geforderten Bezug zu gesellschaftlich relevanten Fragestellungen (deren Misserfolge oder eben Verluste kaschiert werden).

Das Fortschrittsmodell hat blinde Flecken und die können mit dem Begriff Verlust umrissen werden. Denn das, was verloren wird, ist im Fortschreiten irrelevant, weil »im Prinzip ohnehin überholt, das Neue per se das Bessere« sei (Reckwitz 2021). Dennoch erleben Menschen Verlusterfahrungen. Diese wiederum werden in auf den Fortschritt programmierte Gesellschaften individualisiert, »[f]ür dennoch verbleibende Verluste sind Individuen selbst verantwortlich, es handelt sich gewissermaßen um individuelles Versagen.« (Reckwitz 2021). Von dieser Individualisierung des Verlustes sprechen zahllose Therapien Bände, in denen versucht wird, beispielsweise mit der Erschöpfung umzugehen, die entsteht, wenn mein Kraftstoff nicht mehr reicht, um das Tempo des Fortschreitens zu halten.

Trotz der Verlustvergessenheit der Fortschrittsgesellschaft produziert diese paradoxerweise mehr und mehr Verlusterfahrungen, denn mehr und mehr Neues und Besseres bedeutet auch, dass auf der anderen Seite mehr und mehr alt und ungenügend erscheint. Tatsächlich lassen sich verschiedene Formen von psychischen, kulturellen und politischen Bewältigungsstrategien beobachten. Reckwitz spricht von »Verlustpraktiken an Orten der sozial-kulturellen Fabrikation und Verarbeitung von Verlusten«, von einem »Doing Loss« (Reckwitz 2021). Er rechnet hier hinein sowohl »politische Bewegungen von Verlierern und Opfern« als auch »Technologien des Selbst, die sich in Resilienz üben« (Reckwitz 2021).

Über Legitimität und gesellschaftliche Anerkennung dieser Praktiken des Verlusts wird in »verschiedenen sozialen Arenen« (ebd.) verhandelt. Es ist klar, dass Anhänger:innen der Muße-Praktiken sich möglicherweise deutlich von den Nostalgie-Praktiken der AfD-Wähler:innen absetzen wollen, gleichwohl beide mit Verlusterfahrungen umgehen. In Politik, Kunst, Populärkultur, in privaten Rahmen, an Arbeitsplätzen wird verhandelt, »welche Verluste […] gesellschaftlich anerkannt, thematisiert, restituiert oder gar rückgängig oder verhindert [werden]«, welche »Verluste […] illegitim, als Privatsache, Kollateralschaden des Fortschritts [erscheinen]« (Reckwitz 2021).

Die Muße unter den Bedingungen der gegenwärtigen spätmodernen Gesellschaften im globalen Norden zu denken, fordert also dazu auf, sie aus der Dynamik von Fortschritt und Verlustbewältigung zu verstehen und nach dem Doing Loss im Kontext von Muße zu fragen. Der gegenwärtige Sehnsuchtsdiskurs nach der »Abwesenheit von« (Medien, Arbeitsstress, Reizen, Zweckbestimmtheit usw.) äußert eine Verlusterfahrung, die mit Muße-Praktiken (digital detox, zeitweiser Rückzug ins Kloster, Wandern, Schlendern usw.) bearbeitet wird. Dabei codiert bereits die Antiquiertheit des Begriffs Muße, dass es sich hierbei um einen angeblich heute verschwundenen Zustand aus der Vergangenheit handle (einer Zeit ohne/mit weniger Medien, weniger Arbeit, weniger Reizen, weniger Zweckbestimmtheit usw.), der (ganz unbesehen, ob dieser Zustand so je existiert hat) imaginativ in den Praktiken präsent gehalten wird und damit die Verlusterfahrungen noch intensiviert.

Die Muße könnte man so als ein Doing Loss im Windschatten des Fortschritts beschreiben. Es stellt sich dabei aber die Frage, wie genau diese Praxis des Verlusts dann aussieht, von was sie sich genau abgrenzt, was Fortschritt hier bedeutet und vor allem auch, welche Subjektivierungen sie erlaubt.

Das Privileg zur Muße

Es ist davon auszugehen, dass die soziale Welt immer vom Verschwinden und Erscheinen von Praktiken, Normen, Theorien, Trends, Beziehungsformen usw. geprägt ist und kein statisches Gebilde ist. Allein, dass etwas verschwindet, ist also der Normalfall. Das meiste, was verschwindet, vergessen wir schlicht. Was aber dann ist Verlust? Reckwitz schlägt vor, nur das als Verlust zu begreifen, was als solches wahrgenommen, also markiert wird und in drei Bereiche zu unterteilen: a) das bemerkte, aber »wertneutral[e]«, b) das positive und c) das negativ gewertete Verschwinden, wobei nur letzteres als Verlust bezeichnet werden kann, der als solcher interpretiert und emotional-affektiv erlebt wird (Reckwitz 2021). »Um diese Verlustinterpretationen, Verlusterfahrungen und Verlustaffizierungen herum bilden sich ganze Verlustpraktiken, die sich mehr oder minder komplex gestalten«, so Reckwitz. Das heißt, dass Verlust nicht einfach geschieht, er entsteht, gestaltet sich innerhalb von Praktiken, in einem »Doing Loss« (Reckwitz 2021). Und Verluste werden auch nur dann zu Verlusterfahrungen, wenn eine »Identitätsschädigung«, eine »Schädigung des Selbst« droht, und zwar im passiv wahrgenommenen Modus des Erleidens (ebd.). Wenn hier Muße als Doing Loss verstanden wird, dann unterscheiden sich spätmoderne Muße-Praktiken also bereits bei einem ersten Blick von denen der Antike: Wurde in der griechischen Muße-Praxis das männliche Moralsubjekt als sich selbst und andere beherrschende konstituiert, scheinen spätmoderne Muße-Praktiken auf die Konstituierung eines Subjekts durch Verlusterfahrungen im Fortschrittsmodell zu fokussieren. Ich werde darauf zurückkommen.

Es gibt aber auch eine Ähnlichkeit zu antiken Muße-Praktiken: Die Verlusterfahrungen, die im Mußediskurs aufgerufen werden, betreffen weiterhin eine privilegierte Klasse, wenn diese Klasse auch erst seit den 1970er Jahren entstanden ist und zahlenmäßig stärker ist als antike Eliten, die akademische Mittelklasse. Während die ›alte‹ Mittelklasse als Modernisierungsverliererin gilt und im Modus der Nostalgie ihre Verlusterfahrungen prozessiert, ist die akademische Klasse im Fortschrittsmodell integriert (Reckwitz 2019, 72). Aber wie kann die akademische Klasse beschrieben werden und was kennzeichnet sie? Diese Fragen müssen geklärt werden, um die spezifischen Verlusterfahrungen dieser Klasse zu skizzieren, die innerhalb der Praktiken von Muße bearbeitet werden.

Reckwitz beschreibt die gegenwärtige spätmoderne Gesellschaft als eine, die nicht mehr ›modern‹ ist, d. h. hier bilden Disziplin, Standardisierung und Optimierung keine zentralen Kategorien mehr. Vielmehr hat sich seit den 1970er Jahren (wobei in den 1990er Jahren ein Schub zu beobachten war) eine neue, »hochqualifizierte Mittelklasse« (Reckwitz 2017, 9) herausgebildet, in der das spätmoderne Subjekt nach »Befriedigung im Besonderen strebt« (ebd.). Dieses Subjekt ist nicht nur individualisiert und verfolgt Autonomie als höchstes Gut, sondern es ist nun mit der gesellschaftlichen Erwartung von »Einzigartigkeit und Außergewöhnlichkeit« (ebd.) konfrontiert. Das spätmoderne Subjekt der akademischen Klasse ist anders als das antike Moralsubjekt nicht an Selbstbeherrschung, sondern an der Norm der Selbstentfaltung orientiert (Reckwitz 2019, 204). Und eben jene Norm der Selbstentfaltung treibt ein Fortschrittsmodell voran, dass sich »primär auf das Individuum und seine je eigene Lebensführung« (Reckwitz 2021) bezieht. Fortschritt in der Spätmoderne scheint in erster Linie die Individuen selbst zu betreffen. Die Fortschrittsmotoren der Moderne (steigende Einkommen, stetig anwachsender Lebensstandard, Ausbau der Wohlfahrtsgesellschaft usw.) dagegen kommen gegenwärtig eher zum Stillstand. Die Gewissheit, dass die liberale Gesellschaft für alle einen Fortschritt in der Zukunft verspricht, ist erschüttert (Reckwitz 2021). Das »Ende der Illusionen« (Reckwitz 2019) bezieht sich dabei nicht allein auf die Einsicht, dass heutige Generationen möglicherweise ärmer als vorherige sein werden, dass Finanzmärkte für plötzliche Vermögensverluste und ›Normalbiografien‹ nicht mehr für einen wachsenden Kontostand sorgen könnten, sondern auch auf die Gewissheit des Zukunftsverlustes z. B. durch den Klimawandel (Reckwitz 2021). Fortschritt meint so gegenwärtig eher individuelle Selbstverwirklichung.

> [D]iese Kombination aus Statusverlusten, Zukunftsverlust und Verlustangst [wird] begleitet und konterkariert [...] von einer Expansion gesellschaftlich wei-

> terhin äußerst wirkungsvoller Fortschrittsmodelle, die sich in der Spätmoderne jedoch primär auf das *Individuum* und seine je eigene Lebensführung beziehen. (Reckwitz 2021)

Das expandierende Fortschrittsmodell der individuellen Entfaltung produziert wiederum spezifische Verluste. Denn das Versprechen, ja die Forderung zur Selbstentfaltung im eigenen Leben ist angesichts unsicherer gewordener Lebensbedingungen und der Tatsache der eigenen Endlichkeit kaum mehr einlösbar.

> Die spätmoderne Kultur verspricht dem Individuum subjektive Erfüllung in einer Weise wie keine zuvor und suggeriert ihm, ein Recht auf dessen Realisierung zu besitzen, und lässt doch immer wieder diese subjektive Erfülltheit als ein Phantasma scheinen, dem das reale eigene Leben – außer vielleicht in bestimmten, herausgehobenen Momenten – kaum je genügt. (Reckwitz 2019, 204)

Die Erwartung einer steten Verbesserung der eigenen Möglichkeiten zur Selbstentfaltung produziert Verlusterfahrungen, die für das akademische Subjekt identitätsgefährdend wirken. Die Verpflichtung zu einer authentischen, kreativen, erfüllten, sich selbst verwirklichenden, befriedigenden, von positiven Emotionen begleiteten und sozial erfolgreichen Lebensweise potenziert auf der anderen Seite Enttäuschungen, Erschöpfung, Frustration, ja Ängste und Verzweiflung (Reckwitz 2019, 205, 217 f.). Der hier zu beobachtende »Mechanismus der Enttäuschungsproduktion« (Reckwitz 2019, 222) ist an »eine sukzessive Umstellung sozialer Strukturen auf den Modus des Wettbewerbs und der Konkurrenz« (Reckwitz 2019, 223) sowie des »Vergleichs« (Reckwitz 2019, 225) gekoppelt. Gerade die akademische Klasse ist mit unberechenbaren Laufbahnen und Projektarbeit, mit auf »Exzellenz« abgestellten Bildungseinrichtungen und der digital angeleiteten »Allgegenwärtigkeit von Vergleichstechnologien« konfrontiert, in denen die Logik »The-Winner-takes-it-all« (Reckwitz 2019, 222 f.) gilt . Und das unter Bedingungen, die den Beteiligten oftmals nicht nachvollziehbar sind. Denn Erfolg und Misserfolg in Arbeit, Liebe, Wohnen und Bildung scheinen mehr und mehr von »(un-)glücklichen Zufällen und nicht planbaren Entwicklungen« (Reckwitz 2019, 22) abzuhängen.

Gleichzeitig sind diese Verlustängste im Rahmen des individualisierten Fortschritts ebenfalls individualisiert. Verluste werden als persönliches Versagen interpretiert: Man ist zu alt, zu krank, zu faul, zu träge, zu wenig exzellent und außergewöhnlich usw. Da das akademische Subjekt aber eines ist, welches sprechen kann und sich elegant in allen Arten von Medien bewegt, erleben wir in jüngster Zeit mehr und mehr Initiativen wie »#IchBinHanna«, in der z.B. Wissenschaftler:innen diese paradoxe Struktur von Selbstentfaltung und (Status-)Verlust thematisieren.[4]

Ebenso ist seit Jahren der Ausbau von Praktiken der Muße zu beobachten. Das Doing Loss der Muße des spätmodernen, akademischen Subjekts ist divers, verstreut und unübersichtlich, es lässt sich so eher über eine Struktur beschreiben, die Muße-Praktiken teilen: die »Abwesenheit von«, eine spezifische Zeiträumlichkeit (temporäre Orte des Heraustretens aus der Zeit, des ›Hier und Jetzt‹), Privileg zum Rückzug und – paradoxerweise – die Möglichkeit zur Selbstentfaltung und Verbesserung der Lebensweise. Hier lassen sich mindestens zwei Paradoxe beobachten:

Paradoxien der Muße

1. Mit der Fokussierung auf die Selbstentfaltung (statt auf die antike Selbstbeherrschung) treiben Praktiken der Muße das Fortschrittsmodell weiter voran und produzieren gleichzeitig immer wieder Verlusterfahrungen. Denn mit den spätmodernen Muße-Praktiken werden genau jene Momente, die als verloren gelten, in der persönlichen und kulturellen Erinnerung gehalten (Zweckfreiheit, Ruhe, Verlangsamung usw.), weshalb ihr Verlust umso bitterer beklagt werden kann. Gleichzeitig sind Muße-Praktiken nicht allein negativ definiert (›Abgrenzung von‹), sondern rekurrieren auf eine positive Freiheit zu. Muße-Praktiken regulieren Verluste also nicht allein nostalgisch, sondern gerichtet auf ein Ziel: Selbstverwirklichung.

Ich hatte bereits davon gesprochen, dass in der Antike Muße dazu bestimmt war, Subjektivierung von Eliten im Sinne von Autonomie qua Selbstbeherrschung zu ermöglichen. Voraussetzung der Muße war es, privilegiert zu sein (Bürger, Mann, Kleriker usw.). Muße haben zu können, war hier auch Zeichen eines sozialen Status'.

In der Spätmoderne können wir hier ein zweites Paradox beobachten, das dieses Mal nicht von Muße-Praktiken vorangetrieben, sondern bearbeitet wird:

2. Für das spätmoderne Subjekt sind Status und Selbstentfaltung zu zwei Polen eines Widerspruchs geworden. Gerade das »Romantik-Status-Paradox« (Reckwitz 2019, 221) ist eines, was im Kontext von Kunst und Wissenschaft weit verbreitet ist.

> Indem das neoromantische Ideal der Selbstverwirklichung und das neobürgerliche Ideal des sozialen Erfolgs aneinander gekoppelt werden, erweist sich das spätmoderne Subjekt als ein inhärent widersprüchliches. (Reckwitz 2019, 222)

Widersprechende Anforderungen an den eigenen Selbstentwurf stellen es vor fast unüberwindliche Herausforderungen: Statusinvestitionen wie Karriere, Kinder, Sicherheit treffen auf den Anspruch zur Selbstentfaltung, deren radikale Verfolgung wiederum die Statusinvestitionen gefährden kann (ebd.). Peter V. Zima beschreibt in dieser Weise die Ambivalenz, die dem Entfremdungsbegriff zugrunde liegt: »Die Annäherung an das [...] Ideal bringt eine Entfremdung von der Realität mit sich und umgekehrt [...]« (Zima 2014, 1 f.).

Das Doing-Loss der Muße scheint in spätmodernen Gesellschaften Praktiken zur Verarbeitung des »Romantik-Status-Paradoxes« zu Verfügung zu stellen. Es zielt auf eine temporäre Möglichkeit zur Selbstentfaltung, die wiederum quasi als Verlustprävention fungiert, soweit sie auf eine Regeneration der Selbstentfaltungskompetenzen positiv wirken kann, ohne radikal und permanent verfolgt werden zu müssen, was wiederum der Statussicherung dienen kann. Ich muss nicht ständig mich selbst entfalten und damit meine Karriere gefährden, sondern gehe zum MBSR-Kurs, um möglicherweise »produktive Unproduktivität« (Cheauré/Dobler 2019, 9)[5] zu erleben, die mich wiederum im zweckbestimmten, auf Optimierung zielenden beruflichen Feld beflügelt.

Und hier setzt ein drittes Paradox der Muße-Praktiken im Fortschrittsmodell an. Sie verpflichten das spätmoderne Subjekt darauf, im Rahmen der Produktion von Verlusten glücklich zu sein.

3. Im Fortschrittsmodell der Selbstentfaltung werden Erleben und Fühlen von Selbstverwirklichung zentrale Elemente. Waren mittelalterliche Sets der Muße eher gefühlskritisch ausgerichtet, diente die Abgrenzung von der Welt hier der Regulation und Kontrolle von Gefühlen, scheint die spätmoderne akademische Klasse eine »extreme Sensibilisierung [...] für seine innere Welt des Erlebens und Fühlens« (Reckwitz 2019, 228) ausgebildet zu haben. Lebensglück hängt nicht allein von Status, Abwesenheit von Bedrohung, Konformität usw. ab, sondern vom positiven Erleben (Reckwitz 2019, 227). Muße-Praktiken werden oftmals genau dann eingeübt, wenn positives Fühlen und Erleben angesichts der Realität von Arbeit, Kindererziehung, Krankheit oder Tod verloren gehen. Der Verlust des positiven Gefühls bedroht das spätmoderne Subjekt und ist gekennzeichnet durch das Auftauchen von negativen Emotionen (Ärger, Wut, Aggressionen, Unbehagen, Depression), die delegitimiert sind und auch innerhalb der

Muße-Praktiken meist keinen Platz haben (Reckwitz 2019, 228). Negative Gefühle bedrohen temporäre Orte der schönen Dinge, der Ruhe und Entspannung, der kreativen Einkehr. Dabei ist die Verlustdrohung bezüglich des guten Gefühls noch dazu permanent, ganz unabhängig von dem Getöse und Treiben der Welt, da Gefühle die Eigenart haben, sich im Minutentakt zu verändern, eben auch die positiven.

Muße-Praktiken der Spätmoderne verbinden Selbstentfaltung an Hochsensibilisierung auf das gute Gefühl und sind somit wiederum an der Delegitimierung von negativen Gefühlen beteiligt, die gerade das Fortschrittsmodell erzeugt. Die Wut, Enttäuschung, Zweifel und Frustration angesichts des persönlichen Misserfolgs in auf Wettbewerb umgestellten sozialen Strukturen sind mit Muße-Praktiken nicht zu bearbeiten, ja werden von diesen als negative Gefühle möglicherweise sogar verleugnet.

Kritische Muße oder »Why do people stay attached to lives that don't work?«

Was folgt aus dem Gesagten nun für die Muße-Praktiken? Was wünschen wir uns, wenn wir uns Muße wünschen? Die Sehnsucht nach der Muße ist aus meiner Sicht eine Legitimierung einer spezifischen Verlusterfahrung, die eine privilegierte Klasse erleidet. Da die akademische Klasse im Fortschrittsmodell der Spätmoderne diejenige ist, die am meisten mit Anerkennung rechnen kann, ermöglichen Muße-Praktiken ihr, sich eben jene Anerkennung als sich selbst verwirklichende Subjekte zu versichern. Muße-Praktiken sind Privilegien, die als solche auch markiert werden sollten. Wer und was ist dabei ausgeschlossen, um sie zu ermöglichen: die Welt mit ihrer Vielzahl an Störungen, Verantwortlichkeiten und Fürsorge-Aufträgen, von ambivalenten Beziehungen; die negative Kehrseite der kapitalistischen Vermarktung des Lebens, also diejenigen, die unter prekären Bedingungen den Brennstoff des Fortschritts bereitstellen, diejenigen, die unverbesserlich und delegitimiert negativen Gefühlen anhängen, die sich nicht selbst verwirklichen können oder wollen. Ausgeschlossen aus dem Modell der spätmodernen Muße ist aber auch ein anderes Denken dessen, zu dem man sich frei wünscht. Könnte es etwas anderes geben als die Verwirklichung des Selbst in den Zeiten und an den Orten der Muße? In der Antike zielte die Muße auf Souveränität (Selbst-Beherrschung), um sich als berechtigt zur Beherrschung zu zeigen. Zielt nun die Muße auf die ständige Aktualisierung (Verwirklichung) aller Potentialitäten des Selbst, um sich berechtigt zur Verwirklichung aller

Wünsche zu zeigen? Andreas Reckwitz legt eine solche Sicht nahe, wenn er ausführt, dass neben der Emotionslastigkeit der spätmodernen Selbstentfaltung die Verkopplung von Selbstverwirklichung mit »Selbstentgrenzung« (Reckwitz 2019, 229) zu beobachten sei. Selbstentfaltung kommt an kein Ende mehr. Stattdessen haben wir es mit einer »unbegrenzten Dynamisierung der Selbstverwirklichung« (ebd.) zu tun, die Reckwitz vor allem in den Bereichen von Partner:innenschaft und Sexualität beobachtet. Hier möchte das spätmoderne Subjekt alle Optionen in der eigenen Lebensspanne ausleben. Es hegt eine »Verzichtsaversion« (Reckwitz 2019, 229), da das Nicht-Einlösen von Optionen bedeuten würde, sich selbst in der Freiheit zur Selbstverwirklichung zu beschneiden. Alles muss selbst erlebt werden. Und gerade dadurch kann ich mich als sich selbst verwirklichendes Subjekt zeigen, mich als mitspielfähig in der akademischen Klasse erweisen.

Wenn wir uns also die spätmoderne Muße wünschen, wünschen wir uns einen Platz auf der privilegierten Seite der Welt, einen Ort des Selbst-Seins und eine Zeit des guten Gefühls.

Sollte also auf den Wunsch nach Muße verzichtet werden? Wie könnte ein kritisches Doing-Loss der Muße aussehen? Neben dem Naheliegenden – einer Reflexion von Privilegien und der Anerkennung der Ambivalenz und Vergänglichkeit von Emotionen – scheint mir hier eine andere Zielsetzung zentral. Wäre es denn möglich, das Fortschrittsmodell, in dem die Muße-Praktiken operieren, einer Kritik zu unterziehen? Könnten Muße-Praktiken, anstatt Verluste des Fortschritts zu kompensieren, auf die Infragestellung von Selbstentfaltung zielen? In diesem Zusammenhang scheint es mir interessant, das Versprechen der Muse-Praktiken auf positive Gefühle genauer zu betrachten.

Lauren Berlant skizziert in ihrem Buch »Grausamer Optimismus« von 2006 eine prekäre Welt der Krisen, die das Nachkriegsversprechen auf ein besseres Leben nicht mehr halten kann. Nichtsdestotrotz würde diese Fantasie vom guten Leben weiter herumspuken. Berlant geht dabei von Freuds »Trauer und Melancholie« aus, also von einem psychoanalytischen Verständnis des Verhältnisses zwischen Objekt und Begehren. Antrieb für das gute Leben ist das Begehren nach dem Objekt. Die Objekte des Begehrens, so Berlant, sind eine Ansammlung von Versprechen, die in Dingen verkörpert werden (Berlant, 2006, 20). Das begehrte Ding ist unauflöslich mit einem Versprechen oder einer Hoffnung verbunden, unsere Beziehung zu diesen Dingen ist dauerhaft und inhärent »optimistisch«, auch wenn sie sich nicht immer »optimistisch anfühlen« (Berlant, 2006, 20). Auch wenn ein begehrtes Objekt für den Einzelnen verletzend, grausam, destruktiv ist, so kann die Verbundenheit zu diesem Objekt so eng sein, dass ein Verlust möglicherweise für den Einzelnen den Verlust des Lebenssinns bedeutet. Optimistische Fantasien sind für das Überleben im Alltag zentral (Berlant, 2006, 35). »Grausamer Optimismus« allerdings bezeichnet einen Zustand, in dem die verletzende und destruktive Art der Verbundenheit (»Attachment«) mit der Hoffnung auf ein besseres Leben überwiegt, wenn man mit etwas verbunden ist (z.B. der Norm der Selbstentfaltung), was grausam zu den eigenen Lebensformen, Möglichkeiten, Lebensumständen, zur eigenen Realität ist.

Dem grausamen Optimismus stellt Lauren den »depressiven Realismus« gegenüber, der das Begehren nach dem besseren Leben selbst in Frage stellt, der die Hoffnung und das Versprechen (z.B. auf Selbstentfaltung qua Muße) nicht mehr glauben kann. Die Grundfrage dieser depressiven Realistin würde lauten: »Why do people stay attached to lives that don't work?« (Berlant im Interview, McCabe, 2011).

Diese Frage ruft einerseits dazu auf, die Umstände des Lebens selbst zu verändern statt sich ständig selbst qua Selbstverwirklichung passend in diesem Leben zu halten. Andererseits geht diese Frage noch weiter: Berlant spricht von einem Modus der affektiven und emotionalen Intelligibilität, den negative Gefühlslagen wie die Depression auszeichnen würde. Im negativen Gefühl, bei Berlant im Depressiven, erlebt man das komplizierte In-der-Welt-Sein als eine schwierige Verbindung zwischen einem vagen Versprechen auf die Zukunft und der Gefährlichkeit der gelebten Realität (Berlant, 2011, 96 f.). Berlant führt also im Affektiven eine Differenz ein zwischen dem Versprechen auf positiv erlebte Selbstentfaltung und der lebendigen, schwierigen Realität der Ausführung dieses Versprechens. In dieser Spannung zwischen Wunsch und Realität öffnet sich nach Berlant ein Raum für eine kritische Auseinandersetzung. Für sie markiert das Depressive eine Potentialität, die zwischen dem Versprechen, auf das wir affektiv reagieren, und dem Leben, das diese Versprechen unmöglich oder zu möglich werden lässt, liegt. Diese Potentialität zielt, anders als in den Muße-Praktiken angestrebt, nicht auf Aktualisierung, sondern hält die Spannung zwischen Wunsch und Realität aufrecht.

Auf den Kontext der Muße-Praktiken übertragen hieße das, dass wir dort möglicherweise auch negative Gefühle in ihrer Flüchtigkeit wertschätzen sollten, denn sie könnten Formen affektiver, eben nicht bewusst gesetzter Kritik sein, die immer noch nach Selbstentfaltung fragt, aber nicht im Modus der Erfüllung des Versprechens. Vielmehr würde die Anerkennung von negativen oder auch ambivalenten Gefühlslagen in Muße-Praktiken die »Verbundenheit« (»Attachement«) mit den Wünschen, den Emotionen, die die Versprechen erzeugen, aber auch mit der Angst ins Blickfeld einer Selbstreflexion rücken, die »realistisch« ist. Realistisch zu sein heißt hier, die Realität als eine uneinholbare mit in die Muße-Praktik einzubeziehen. Das Versprechen auf einen Muße-Raum, in dem sich Subjekte verändern können, würde dann nicht losgelöst von den Verlegenheiten und Schwierigkeiten eines Lebens in der Welt der Fortschrittslogik sein. Einerseits fordert uns also Berlant auf, die Fantasien des guten Lebens, der Muße sowie die damit verbundenen Emotionen zu respektieren und wertzuschätzen, weil sie Menschen helfen, mit der Welt in Verbindung zu bleiben. Gleichzeitig empfiehlt Berlant aber die Haltung der depressiven Realistin einzunehmen und nach dem Verhältnis der Fantasien des Dazugehörens und den Bedingungen des Dazugehörens in einem konkreten historischen Moment, nach ihren machtvollen und grausamen Wirkungen zu fragen. Die Sehnsucht nach Muße ist somit ein hochkomplexer Prozess, der deren Aktualisierung gerade immer wieder in Frage stellt. Allein die erlebte Verlusterfahrung eröffnet also einerseits die Möglichkeit, etwas Abwesendes zu betrauern und dadurch gerade erst wahrnehmbar, besprechbar zu machen. Es eröffnet aber andererseits ebenfalls die Möglichkeit, die Sehnsucht nach der »Abwesenheit von Bedrohung, Unruhe und sozialer und ziviler Verpflichtung« (Eickhoff 2021, 3), die bereits seit der Antike Zeichen des eigenen Privilegs ist, als Aufforderung zu verstehen, sich aus den räumlichen Einhegungen der Musenorte herauszubewegen und die Frage zu stellen, wie wir kreativ verbunden bleiben können mit einer Welt, die Mühe und Care-Arbeit bedeutet, die uns auffordert, aus den Komfortzonen herauszukommen und ambivalente Gefühlslagen zu ertragen, die uns zwingt, unserer eigenen Komplizenschaft zu begegnen, wenn wir uns von Musen küssen lassen wollen.

Anmerkungen

1 In ähnlicher Weise führt der Sammelband »Muße und Gesellschaft«, der aus einem Sonderforschungsbereich an der Universität Freiburg hervorgegangen ist, den Begriff der Muße als Gegenteil der beschleunigten Welt ein. Dobler/Riedl 2017, 1

2 Griechisch scholḗ (σχολή): Rast, Muße, (gelehrte) Unterhaltung, Vortrag, Ort des Vortrags, Auditorium, Schule‹. »Schule«, bereitgestellt durch das Digitale Wörterbuch der deutschen Sprache, https://www.dwds.de/wb/Schule [06.09.2021]

3 Diät bezeichnete ein ganzes Programm der Lebensregeln wie Speisen, Übungen, Getränke, Schlaf, sexuelle Beziehungen innerhalb der antiken Kunst gesunder Lebensweise, der Hygiene.

4 #IchBinHanna. Presse und Berichterstattung zu unserer Grassroots-Initiative, die prekärer Arbeit in der Wissenschaft ein Gesicht gibt. https://ichbinhanna.wordpress.com

5 So lautet die offene Definition des Begriffs Muße am Sonderforschungsbereich (SFB) Freiburg. Vgl. Cheauré/ Dobler 2019

Literatur

Lauren *Berlant* (2006), Cruel Optimism, in: Differences: A Journal of Feminist Cultural Studies, 17/3, 20–36

Lauren *Berlant* (2011), Cruel Optimism. Durham

Elisabeth *Cheauré*, Gregor *Dobler* (Hg.) (2019), Muße: Grenzen, Raumzeitlichkeit, Praktiken. Der Freiburger Sonderforschungsbereich im Überblick. Freiburg

Gregor *Dobler*, Peter Philipp *Riedl* (Hg.) (2017), Muße und Gesellschaft. Tübingen

Franziska C. Eickhoff (2021), Der lateinische Begriff »otium«. Eine semantische Studie. Tübingen

Günter *Figal*, Hans W. *Hubert*, Thomas *Klinkert* (Hg.) (2016), Die Raumzeitlichkeit der Muße. Tübingen

Michel *Foucault* (2005), »Subjekt und Macht«, in: Ewald *Defert* (Hg.): Michel Foucault. Analytik der Macht. Frankfurt am Main

Michel *Foucault* (1995), Der Gebrauch der Lüste (= Sexualität und Wahrheit 2, 1983). Frankfurt a.M.

Michel *Foucault* (2004), Die Hermeneutik des Subjekts. Vorlesung am Collège de France 1981/82. Frankfurt am Main

Rahel *Jaeggi* (2005), Entfremdung. Zur Aktualität eines sozialphilosophischen Problems. Frankfurt a.M.

Wolfgang *Pfeifer* et al. (1993), Etymologisches Wörterbuch des Deutschen. Printversion entstand unter Mitarbeit von Wilhelm *Braun*, Gunhild *Ginschel*, Gustav *Hagen*, Anna *Huber*, Klaus *Müller*, Heinrich *Petermann*, Gerlinde *Pfeifer*, Dorothee Schröter, Ulrich *Schröter*, digitalisierte und von Wolfgang Pfeifer überarbeitete Version im Digitalen Wörterbuch der deutschen Sprache https://www.dwds.de/wb/etymwb/Mu%C3%9Fe [06.09.2021]

Andreas *Reckwitz* (2017), Die Gesellschaft der Singularitäten. Zum Strukturwandel der Moderne. Frankfurt am Main

Andreas *Reckwitz* (2019), Das Ende der Illusionen. Politik, Ökonomie und Kultur in der Spätmoderne. Frankfurt am Main

Andreas *Reckwitz* (2021), Auf dem Weg zu einer Soziologie des Verlusts. https://www.soziopolis.de/auf-dem-weg-zu-einer-soziologie-des-verlusts.html [1.9.2021]

Hartmut *Rosa* (2018), Resonanz. Eine Soziologie der Weltbeziehung. Berlin

Katja *Rothe* (2012), Depression und (Nicht-)Arbeit. Zum Status des Depressiven innerhalb der Kritik der Arbeit, in: Trajectoires. Revue de Jeune Recherche Fanco-Allemande 6/12 http://journals.openedition.org/trajectoires/1007 [28.8.21]

Katja *Rothe* (2021), Unendliche Arbeit, unendliche Müdigkeit und die Verletzlichkeit der Wünsche, in: Crip Magazin 4, 13–16

Philipp *Sarasin* (2001), Reizbare Maschinen. Eine Geschichte des Körpers 1765–1914, Frankfurt am Main

Peter V. *Zima* (2014), Entfremdung Pathologien der postmodernen Gesellschaft. Tübingen

Autor_innen und Herausgeberinnen

Andrea Ellmeier, Dr.[in] Mag.[a], ist Historikerin und Leiterin der Stabstelle Gleichstellung, Gender Studies und Diversität (GGD) an der mdw – Universität für Musik und darstellende Kunst Wien. Davor war sie Koordinatorin der Forschungsplattform Geschlechterforschung an der Universität Innsbruck. Sie ist stv. Sprecherin der Genderplattform (genderplattform.at) sowie eine von vier Sprecher_innen der KEG (Konferenz der Einrichtungen für Frauen- und Geschlechterforschung im deutschsprachigen Raum) und Co-Herausgeberin der bisher erschienenen Bände der Reihe mdw Gender Wissen (gemeinsam mit Doris Ingrisch und Claudia Walkensteiner-Preschl). Zuletzt: Sprach/Medien/Welten. Wissen und Geschlecht in Musik Theater Film (mdw Gender Wissen Bd. 8). Wien/Köln/Weimar: Böhlau 2020. Kontakt: ellmeier-a@mdw.ac.at Website: www.mdw.ac.at/ggd

Doris Ingrisch, Univ-Doz.[in] Dr.[in] ist Kulturwissenschafterin und Gastprofessorin am Institut für Kulturmanagement und Gender Studies der mdw – Universität für Musik und darstellende Kunst Wien. Ihre Forschungsprojekte und Publikationen umfassen die Bereiche Gender sowie Cultural Studies mit derzeitigem Schwerpunkt Kunst und Wissenschaft im Dialog, Wissenschaft, Kunst und Gender, Wissenschaftsgeschichte, Exil/Emigrationsforschung sowie Qualitative und Experimentelle Methoden/arts based research. Kontakt: Ingrisch@mdw.ac.at Website: www.mdw.ac.at/ikm/ingrisch/

Marion Mangelsdorf, Dr.[in] phil., ist Kulturwissenschaftlerin, Mitbegründerin und Wissenschaftliche Geschäftsführerin des Zentrums für Anthropologie und Gender Studies (ZAG) der Albert-Ludwigs-Universität Freiburg. Sie entwickelte im Rahmen des BMBF-Verbundprojekts Gendering MINT digital Webdokumentationen (2018–2020) und hat von 2018–2020 Begleitforschung zu Fragen der Gender Studies, Transdisziplinarität und Verkörperung am Sonderforschungsbereich Muße. Praktiken, Raumzeitlichkeit, Grenzen durchgeführt. Kontakt: marion.mangelsdorf@mail.uni-freiburg.de Website: www.cultures4dialogue.com

Mara Mattuschka, gebürtige Bulgarin, Malerin, Filmautorin, Theaterautorin und Darstellerin. 1976–1982 Studium der Sprachwissenschaften und Ethnologie an der Universität Wien. 1982–1989 Studium der Malerei bei Maria Lassnig an der Universität für Angewandte Kunst Wien. 1994–2001 Professorin für Freie Kunst im Bereich Film und Performance an der Hochschule für Bildende Künste Braunschweig (HBK Braunschweig). Mara Mattuschka wurde mit dem Adolf Schärf Preis für Filmische Tätigkeit 1990, mit dem Österreichischen Film-Förderungspreis 1990, mit dem Österreichischen Würdigungspreis für Filmkunst 2005 und mit dem Preis für Bildende Kunst der Stadt Wien 2010 ausgezeichnet. Kontakt: mara.mattuschka@gmx.net

Jürgen Oberschmidt, Dr. phil., ist Professor für Musik und ihre Didaktik an der Pädagogischen Hochschule Heidelberg. Nach dem Studium an der Hochschule für Musik, Theater und Medien in Hannover war er zunächst als Lehrer für Musik und Deutsch an einem Gymnasium in NRW und in der Lehrer_innenausbildung an der Universität Kassel tätig. Promotion mit einer Arbeit über metaphorisches Sprechen im Musikunterricht. Seine Arbeitsschwerpunkte sind fachübergreifende Unterrichtskonzepte und Beiträge zum kreativen Klassenmusizieren. Zurzeit beschäftigt er sich mit bildungstheoretischen Grundlagen des Musikunterrichts. *Veröffentlichungen* (Auswahl): Mit Metaphern Wissen schaffen – Erkenntnispotentiale metaphorischen Sprachgebrauchs im Umgang mit Musik. Augsburg: Wißner 2011; Geräuschtöne. Über die Musik von Carola Bauckholt. Regensburg: ConBrio 2014 (Hg.); »Divertissement« und/oder »Exercice«? Wie sich die Musen vor den Märkten verteidigen müssen. Einige Anmerkungen zu Musikunterricht und musikalischem Lernen, in: Musikunterricht aktuell, 1/2015, 14–21; Musik – Bild – Bewegung – Sprache. Zu Theorie und Praxis der ästhetischen Transformation. Essen: Die blaue Eule 2019 (mit Stefan Zöllner-Dressler Hg.); Ein Plädoyer für die Muße. Gedanken zu einem kontemplativen Musikunterricht, in: Diskussion Musikpädagogik, Heft 60, 2013, 55–62 Kontakt: ober schmidt@ph-heidelberg.de Website: www.ph-heidelberg.de/musik/personen/lehrende

Katja Rothe, Studium der Psychologie, Geschichte, neueren deutschen Literatur und Kulturwissenschaften an der Humboldt-Universität zu Berlin, Freien Universität Berlin und Fernuniversität Hagen. Juniorprofessorin für Theaterwissenschaft und Dramaturgie mit Schwerpunkt Frauen- und Geschlechterforschung an der Universität der Künste Berlin bis 2020. Seit 2020 Lehrerin an einer Bilingualen Schule in Berlin und weiter begeisterte Forscherin – eine Entscheidung für Care-Work und gegen die Prekarisierung. Forschungsschwerpunkte sind: Geschichte des praktischen Wissens/Praxeologie, feministische Theorie/Denormalisierung, Wissenschaftsgeschichte der Psychiatrie/Psychologie. Letzte *Veröffentlichungen*: Rhythmus und Neurasthenie: Sich-Selbst-Wissen um 1900, in: Thomas Alkemeyer (Hg.): Selbstsein als Sich-Wissen? Zur Bedeutung der Wissensgeschichte für die Historisierbarkeit des Subjekts. Tübingen: Mohr Siebeck 2021, 111–130; Ökologische Lebendigkeiten. Körperpsychotherapien und die Praktiken des Lebens, in: Natascha Adamowsky und Anna Maria Tekampe (Hg.), Automaten, Androiden, Avatare. Diskurse zu Technik und Lebendigkeit. Wien, Berlin: Turia und Kant 2020, 50–74; Media Ecology of the Soul: Play in Child Psychiatry, in: Monika Domann, Ulrike Bergermann, Jeremy Stolow, Erhard Schüttpelz, Nadine Taha (Hg.), Connect and Divide. The Practice Turn in Media Sudies. Zürich, Berlin: Diaphanes Publishers 2020, 295–305. Kontakt: katjarothe@gmx.de Website: http://rothespraxis.de/

Iris ter Schiphorsts Werkverzeichnis umfasst alle Gattungen, darunter 13 große Orchesterwerke, mehrere abendfüllende Musiktheaterwerke und diverse Filmmusiken. Ihre Kompositionen sind häufig Reaktionen auf gesellschaftspolitische Themen; z.B. in »meine keine Lieder« (2015) für Stimme, Bassklarinette, Klavier/Sampler auf den Rechtsruck in Deutschland, im dokumentarischen Musiktheater »Volk unter Verdacht« (2017) über die Arbeit der Staatssicherheit in der DDR, in »Assange – Fragmente einer Unzeit« (2019) für großes Ensemble und Stimme über die Gefährdung des Individuums. Sie selbst bezeichnet ihr Komponieren als dialogisch. Immer wieder sucht sie die Zusammenarbeit mit anderen Künstler_innen, wie z.B. in »JEDER« für Solo-Kontrabassklarinette, großes Orchester, Video und Samples (2018) mit Uros Rojko als Co-Komponist. Iris ter Schiphorst erhielt zahlreiche Auszeichnungen, u.a. den Heidelberger Künstlerinnenpreis (2015). Seit 2013 ist sie Mitglied und seit 2021 Vizedirektorin der Sektion Musik der Akademie der Künste Berlin, seit 2017 Mitglied an der Bayerischen Akademie der Schönen Künste und seit 2015 Professorin für Medienkomposition an der mdw – Universität für Musik und darstellende Kunst Wien. Kontakt und Website: www.iris-ter-schiphorst.de

Doris Uhlich ist Choreografin und Tänzerin, studierte Pädagogik für zeitgenössischen Tanz am Konservatorium Wien, war Spielerin im theatercombinat 2002–2009 und seit 2006 entwickelt sie eigene Projekte. Sie erhielt zahlreiche Auszeichnungen und Preise, u.a. erhielt sie 2013 den Outstanding Artist Award in der Kategorie »Darstellende Kunst« des Bundeskanzleramts, 2017 den Nestroypreis in der Kategorie »Spezialpreis« für ihr Stück »Ravemachine« gemeinsam mit Michael Turinsky und 2019 den Publikumspreis für »Every Body Electric« im Our Stage Festival in Dresden. Doris Uhlich tourt und unterrichtet international, seit Herbst 2015 ist sie Lehrbeauftragte am Max Reinhardt Seminar der mdw – Universität für Musik und darstellende Kunst Wien. Kontakt und Website: www.dorisuhlich.at

Gabriele Wappel, geboren in Wien, studierte am Konservatorium der Stadt Wien Pädagogik für Modernen Tanz, Fidelio Preisträgerin 2003. Als Tänzerin arbeitete sie unter anderem für Mathilde Monnier, Staatsoper Wien und die Neue Oper Wien, als Choreografin für Chor der Opera, Nantes/Angers und der Neuen Oper Wien. Sie leitet gemeinsam mit Janina Sollmann die schallundrauch agency, die seit 2003 Stücke und Performances für junges Publikum realisiert. 2012 erhielt die schallundrauch agency den Stella Preis in der Kategorie herausragende Produktion für Jugendliche für »6«. Zuletzt führte sie Regie und stand auf der Bühne bei »Gabi hat Glück«, »Rauchpause« (Falter Top 10 Theater 2016), »Gott und die Welt« (nominiert für Stella 2018) und »Montag« (November 2019). Gabriele Wappel coacht Theater- und Performanceprojekte von und mit Jugendlichen und Studierenden (zuletzt MUK Wien, ZIS Holzhausergasse, RG Anton Krieger Gasse). Kontakt und Website: www.schallundrauchagency.at/